Achim Schmidt

Die schönsten Radtouren rund um Köln

Impressum

3. Auflage 2008

Buch- und Umschlaggestaltung: Green Tomato, Bielefeld

Titelfoto: Werner Otto, Oberhausen

Fotos: Achim Schmidt, Köln; Heinz Schmidt, Köln; Rhein-Erft-Kreis;
Köln Tourismus; Rheinisch Bergischer Kreis; Rhein-Sieg-Kreis;
Stadt Leverskusen

Kartographie: Bielefelder Verlag

ISBN 978-3-87073-171-7

Landschaft und Klima

In der Kölner Bucht verzahnen sich sehr verschiedene Landschaften, die dem Radler eine Vielzahl an abwechslungsreichen Möglichkeiten bieten, sein Hobby in der Natur auszuüben.

Umgeben von der Eifel im Südwesten, dem Bergischen Land im Osten, dem Siebengebirge im Südosten und der Niederrheinebene im Norden ragt die Kölner oder Niederrheinische Bucht weit in die Zone des Rheinischen Schiefergebirges hinein (bis nach Bonn). Die Ville mit ihrer Ausdehnung von der Eifel südlich von Bonn bis etwa auf die Höhe von Grevenbroich flacht nach Norden hin stark ab und hat die erdgeschichtliche Absenkung der Bucht nur teilweise mitgemacht. Der durchschnittlich etwa 7 bis 8 Kilometer breite Villerücken trennt die Rheinebene mit einem Höhenunterschied zwischen 45 und 60 Metern von der westlich gelegenen Bördenlandschaft, die auf einer Höhe von etwa 130 Metern über N.N. liegt.

Der Rhein ist für diese Region bestimmend und er wird ab seinem Gebirgsaustritt bei Bonn zum Niederrhein gerechnet. Mit seinen verschieden hohen Terrassen, die im Laufe der Jahrtausende entstanden sind, hat er wesentlich zur heutigen Profilierung der Landschaft beigetragen.

Mit einem Temperaturmittel von 9,5 °C rechnet man die Kölner Bucht zum ozeanisch geprägten Klima. Durchschnittlich gibt es in Köln 180 Regentage. Innerhalb der Kölner Bucht ist die Niederschlagsmenge sehr verschieden verteilt. Fallen im Westen etwa 550 mm Niederschlag im Jahr, so steigt dieser Wert im Bergischen Land auf über 1000 mm an.

Gebrauch des Führers

Der Führer ist mit seinen eingerückten Textblöcken (Wegbeschreibungen) so aufgebaut, dass es dem/der Radler/-in auf der Tour ohne Problem möglich ist, sich innerhalb einer Tour zurechtzufinden und Erläuterungen zu Sehenswürdigkeiten zu überspringen.

Nehmen Sie sich zu Hause die Zeit und lesen Sie die geplante Tour im Vorfeld schon einmal durch und erkundigen sich über die Fahrzeiten der für Sie in Frage kommenden Züge. Auch die Texte zu den Sehenswürdigkeiten sollten Sie bereits lesen, um sich gegebenenfalls über die eine oder andere Sehenswürdigkeit ausgiebiger informieren zu können.

Wenn von Fahrradwegweisern die Rede ist, so sind in der Regel die weißgrauen Tafeln gemeint, auf denen mit grüner oder roter Schrift einzelne Zielorte mit oder ohne Kilometerangaben ver-

zeichnet sind. Leider sind die Wegweiser oftmals nur schlecht sichtbar angebracht oder vom üppigen Grün entlang der Radwege zugewuchert. Deshalb sind die Strecken, auch wenn sie für einen Abschnitt den Wegweisern folgen, im Text immer detailliert beschrieben. Auf schwierig zu findende Passagen wird ausdrücklich hingewiesen. Zur besseren Orientierung innerhalb von Ortschaften sind in der Regel Straßennamen angegeben.

Verbindungsmöglichkeiten und Varianten

Die 10 Touren rund um Köln sind so konzipiert, dass sie einen Ring um Köln herum bilden. Dies ermöglicht es dem Radler, die Touren frei zu kombinieren und so eigene Touren zu entwerfen. Sowohl im Text als auch auf der Karte weisen Symbole auf die Schnittpunkte der Touren hin. Dies vereinfacht die Erstellung einer Tour beispielsweise von Brühl über Weilerswist entlang der Erft nach Horrem und von dort über Brauweiler zum Rhein.

Auf Varianten einer Tour wird im Text und in der Karte eingegangen.

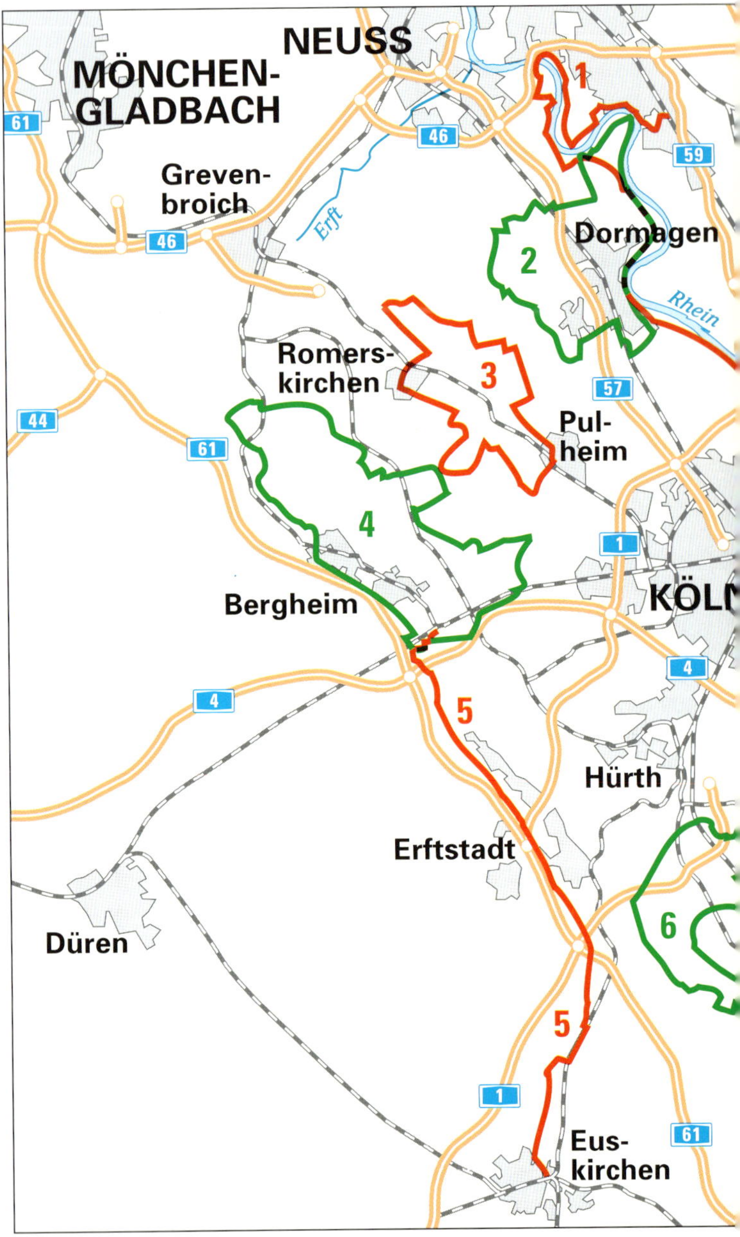
NEUSS
MÖNCHEN-
GLADBACH
61
46
59
1
Greven-
broich
Erft
46
Dormagen
2
Rhein
3
Romers-
kirchen
57
44
61
Pul-
heim
4
1
Bergheim
KÖL
4
4
5
Hürth
Erftstadt
6
Düren
5
1
Eus-
kirchen
61

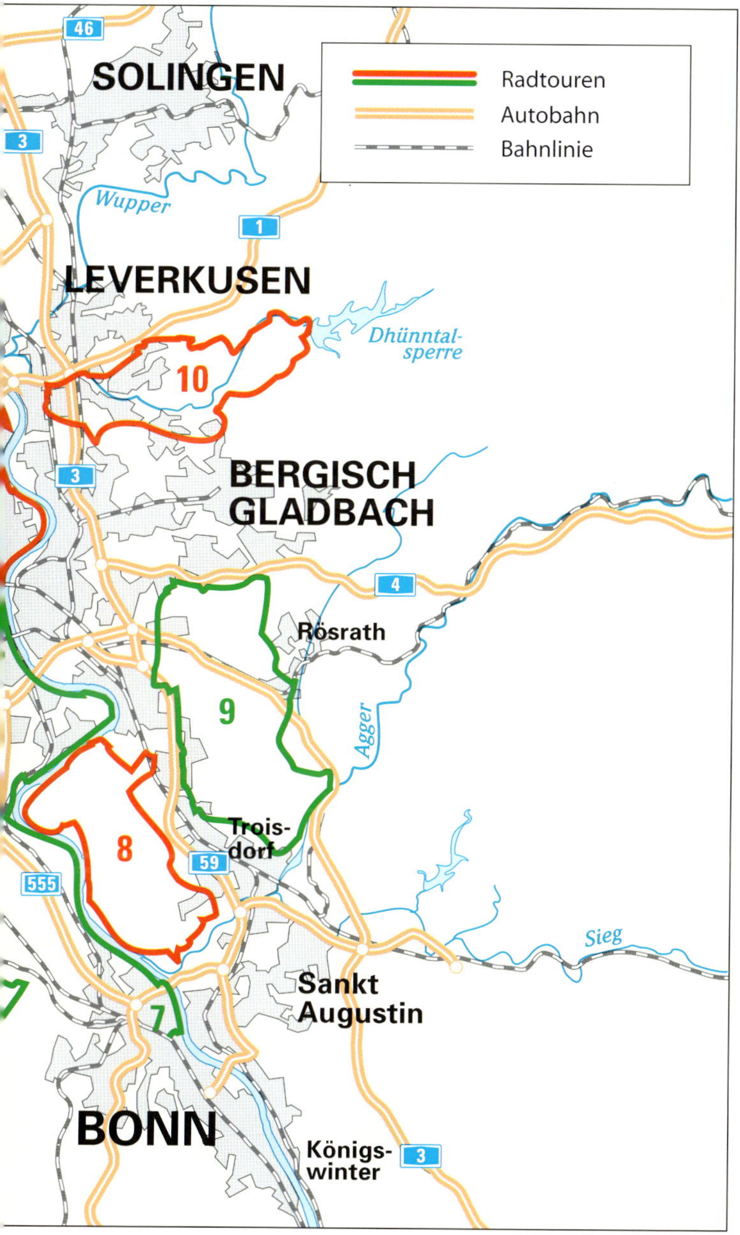
Radtouren
Autobahn
Bahnlinie
46
SOLINGEN
3
Wupper
1
LEVERKUSEN
Dhünntal-
sperre
10
3
BERGISCH
GLADBACH
4
Rösrath
9
Agger
8
Trois-
dorf
59
555
Sieg
Sankt
Augustin
7
BONN
Königs-
winter
3

Streckenwahl

Die Touren verlaufen auf überwiegend asphaltierten Straßen und Wegen. Gelegentlich sind auch kürzere Passagen auf Feld- und Waldwegen eingefügt, die jedoch allesamt gut zu befahren sind. Bei Tour 8 und 10 sind auch etwas längere nicht asphaltierte, aber dafür völlig autofreie Wege gewählt worden. Selbst für ein Rennrad sollten diese Wegstrecken aber kein Problem darstellen, zumal sie bei der Planung alle mit dem Rennrad abgefahren wurden. Um einige Sehenswürdigkeiten in eine Tour einzubeziehen oder um den Anschluss an einen Bahnhof zu erreichen, musste selten auch auf Straßen mit mittlerem Verkehrsaufkommen ausgewichen werden.

Start- und Zielort der Touren sind ausnahmslos Bahnhöfe (Bundes-, S- und Straßenbahn), die auch über Parkmöglichkeiten für das Auto verfügen. So bleibt es dem Leser freigestellt, ob er die umweltfreundliche Anfahrt mit der Bahn wählt oder die Räder auf dem Autodach zum Startort befördert.

Sehenswürdigkeiten

Entlang der Strecke liegen teilweise versteckt, teilweise ganz offensichtlich einige Sehenswürdigkeiten. Auf eine Vielzahl von ihnen wird mit einer kurzen Erläuterung, einer kleinen Geschichte oder einer ausführlichen Beschreibung eingegangen.

Neben vielen Schlössern, Kirchen und anderen historischen Bauwerken bietet aber allein die Natur entlang des Weges eine

Menge, und viele Naturschönheiten blieben unentdeckt, wenn man nicht mit der Nase darauf gestoßen würde.

Einkehr und Rast

Zu jeder Tour findet man unter der Rubrik Gaststätten eine Auswahl unmittelbar an der Route befindlicher Lokale, in der Regel mit Biergarten oder Terrasse. Auf die Angabe von Öffnungszeiten und Ruhetagen musste hier verzichtet werden, da diese sich zu häufig verändern. Sollte eine Gaststätte geschlossen haben, so fährt man einfach bis zur nächsten weiter.

Karten

Unter der Kurzbeschreibung jeder Tour wird jeweils eine Auswahl an Karten angegeben, die das Gebiet der Tour abdecken. In der Regel reichen jedoch die im Buch abgedruckten Karten aus, die übersichtlich alle notwendigen Informationen enthalten, eine Route auch ohne zusätzliches Kartenmaterial und ohne die Wegbeschreibung zu finden.

Eine letzte Bitte

Sollten Sie auf den Touren rund um Köln den einen oder anderen Fehler in der Routenbeschreibung aufgrund von langfristigen Baumaßnahmen oder Straßenverlegungen entdecken, wären wir Ihnen dankbar, dies dem Verlag mitzuteilen, so dass dies bei weiteren Auflagen berücksichtigt werden kann.

Am Niederrhein nach Düsseldorf

Köln - Worringen - Zons - Stürzelberg - Fleher Brücke - Düsseldorf - Schloss Benrath

Die Tour von Köln nach Düsseldorf ist ein Klassiker unter den Touren rund um Köln. Wir radeln aus der Kölner Innenstadt vorbei an den romantischen Uferwiesen von Riehl und Niehl heraus in die Stromlandschaft. Alte Kirchen und kleine Dörfer – von der Lage am Fluss geprägt ebenso wie die alte Festung Zons und das ehrwürdige Schloss Benrath – liegen auf unserem Weg. Um das leibliche Wohl braucht man sich keine Sorgen zu machen, denn zahlreiche Gaststätten säumen die Route.

Start:	*Hauptbahnhof Köln oder alternativ Bahnhof Worringen, die Tour kann überall am Rhein begonnen werden. Mit den Fähren Zons und Langel erhält die Tour auf der anderen Rheinseite attraktive Varianten.*
Ziel:	*Bahnhof Düsseldorf-Benrath*
Streckenlänge:	*55 km*
Streckenprofil:	*flach*
Straßenbeschaffenheit:	*bis auf einen Deichweg vor Benrath nur asphaltierte Wegstrecken*
Sehenswürdigkeiten:	*Köln (Dom, Altstadt), Rheinbrücken, Kölner Zoo, Niehler Hafen, St. Amandus in Rheinkassel, Zons, Fleher Brücke, Schloss Mickeln, Kirche Himmelgeist, Schloss Benrath*
Gaststätten:	*Entlang des Rheinradweges befinden sich zahlreiche Ausflugsgaststätten, sodass hier kein Mangel besteht. Dennoch seien einige genannt: Kasselberger Gretchen (Kasselberg), Zur Rheinfähre (Zons), Vater Rhein (Stürzelberg), Rheinterrasse Nix (Uedesheim), Schlosscafé Benrath (Benrath)*
Verknüpfungen:	*von Worringen bis Zons Verknüpfung mit Tour 2 möglich*
Karten:	*ADFC-Regionalkarte Köln/Bonn 1 : 75.000 (Bielefelder Verlag)*

Der Zollturm in Zons

Die Tour auf einen Blick

Nr	km	Beschreibung
1	0	Vom **Bahnhof** zur Uferpromenade und flussabwärts.
2	2,5	Am **Coloniahochhaus** vorbei und hinauf auf den Deich
3	6,5	über die hohe Radfahrerbrücke im **Niehler Hafen**.
4	8,0	Vorbei am **Niehler Dom** und den Radwegweisern durch das Fordgelände folgen.
5	12,5	Am Ortsausgang von **Merkenich** nach re. in *Kasselberger Weg.*
6	14,5	Am Ortseingang von **Rheinkassel** re. in die *Amandusstraße*. Re. befindet sich **St. Amandus.**
7	17,0	Fähranleger von **Langel**. Hier geht es li. bergan und oben auf dem Damm re. nach **Worringen.**
8	23,0	Nach Anlegestellen für Tankschiffe *B9* überqueren, auf Deich nach Zons.
9	29,0	In **Zons** weiter auf Deich nach Stürzelberg.
10	32,5	In **Stürzelberg** li. in *Feldstraße* und nächste Straße re. *Delrather Str.* bis B9, hier re.
11	35,5	Nach Überquerung des **Silbersees** Fahrradwegweiser nach re. folgen durch **Uedesheim.**
12	38,0	**Rheinterrasse Nix**; den Radwegweisern folgend vor Sackgassenschild li. in *Wahlscheider Weg* und vor Gehöft li. und Richtung **Fleher Brücke.**
13	41,5	Nach **Brückenabfahrt** li. und vor Unterführung re.
14	44,0	Re. in *Himmelgeister Landstraße* bis **Himmelgeist**. Auf Feld re. (Privatweg), dann li. an Kirche vorbei auf Deich
15	49,0	Am Ende 2 x re. auf Industriegebietsstraße bis *B8*, hier re
16	51,0	Über *Benrather Schlossufer* in den Park von **Schloss Benrath.**
17	54,5	Der Bahnhof liegt hinter der Fußgängerzone von **Benrath**

Unsere Tour nach Düsseldorf beginnt auf dem Breslauer Platz ❶, der an der Rückseite des Kölner Hauptbahnhofs liegt. Es geht runter zum Rhein, wir überqueren die Rheinuferstraße und fahren auf der Rheinpromenade flussabwärts in Richtung Düsseldorf.

Wir unterqueren nun die Zoobrücke und können - sofern wir Lust und Zeit haben - einen Zoobesuch anschließen. Weiter

2,5 km geht es am **Coloniahochhaus** ❷ vorbei, hinter dem wir uns links halten und den Deich hinauffahren.

Das **Coloniahochhaus** wurde 1970 von Henrik Busch mit 46 Stockwerken erbaut. Es war damals das höchste Wohnhaus Europas.

Auf dem Deich setzen wir unseren Weg unter einer schönen Lindenallee fort. Vorbei an den großen Silos des Niehler Hafens führt der Weg durch ein Drängelgitter hinauf auf die Radfahrer- und Fußgängerbrücke, die die Hafeneinfahrt des **Niehler Hafens** ❸ überspannt. 6,5 km

Der **Niehler Hafen** ist mit seinen fünf Hafenbecken der größte Hafen Kölns; etwa 50 % des Güterumschlags finden hier statt. Erbaut wurde der Hafen zwischen den Weltkriegen. Mit 60.000 qm Freifläche für den Umschlag von Massen- und Stückgütern sowie Containern ist er sogar einer der bedeutendsten Binnenhäfen Deutschlands.

Das von weitem sichtbare Heizkraftwerk versorgt große Teil von Köln mit Fernwärme.

Nach der Brücke halten wir uns rechts und fahren parallel zum Rhein auf dem Radweg neben dem **Niehler Damm** ❹. 8 km

Hier in Köln-Niehl finden wir die von den Einwohnern des Vororts **»Niehler Dom«** genannte Pfarrkirche »Alt-St. Katharina«. Der Niehler Dom wurde erstmals 1236 urkundlich als Eigentum des Kölner Stifts St. Kunibert erwähnt. Zu dieser Zeit war der kleine Ort Niehl noch ein unbedeutendes Fischerdorf. 1927 wurde er zum Kriegsdenkmal umgewandelt und erst 1955 findet in der Kirche wieder kirchliches Leben statt. Sehenswert sind die Abendmahlgruppe aus dem 16. Jahrhundert und die alte Kanzel aus dem 17. Jahrhundert.

Außerhalb von Niehl vor dem eingezäunten Gelände der BP mit den riesigen Öltanks müssen wir leider an der Ampel links abbiegen und der Beschilderung »Umfahrung Fordwerke« folgen.

Das »leider« ist hier wirklich berechtigt, denn die nun folgenden zwei Kilometer führen mitten durch das **Fordgelände** und sind nicht gerade schön. Dieser Teil des Fordwerkes wurde 1931 fertig gestellt, nachdem Adenauer nach langen Verhandlungen die Ford-

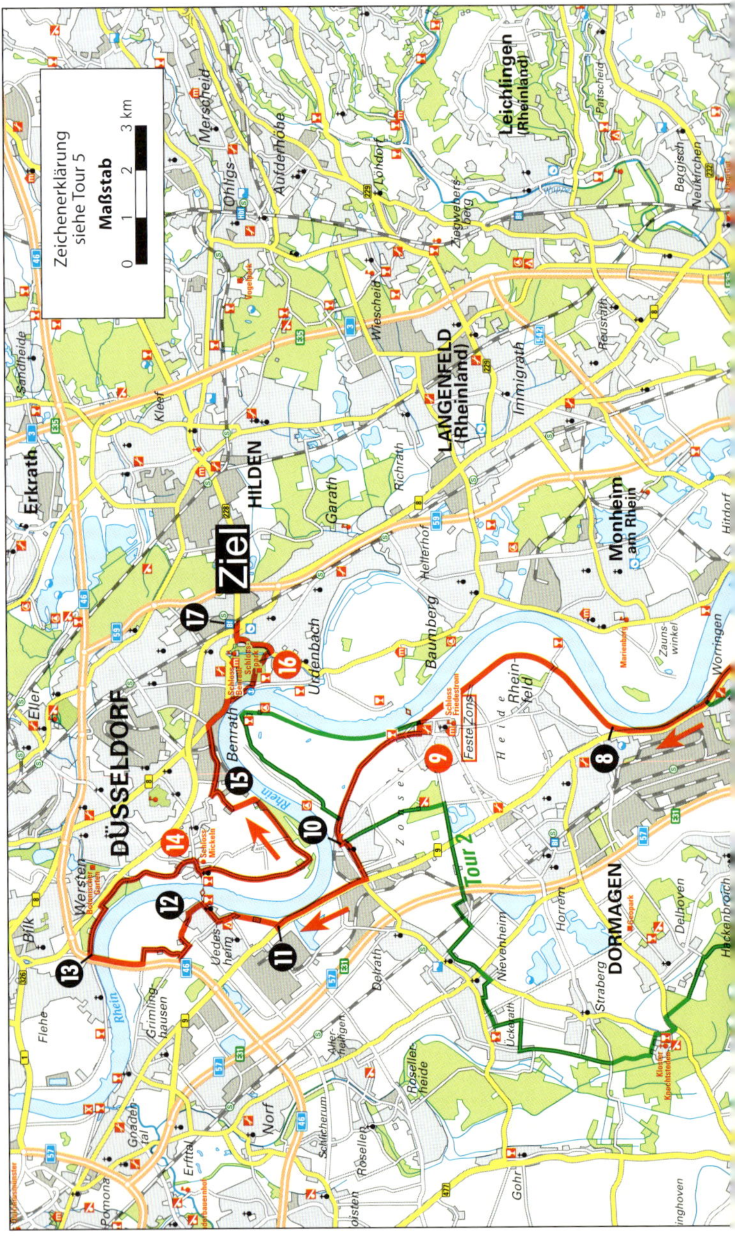
Zeichenerklärung siehe Tour 5
Maßstab
0 1 2 3 km
Ziel
DÜSSELDORF
HILDEN
LANGENFELD (Rheinland)
Leichlingen (Rheinland)
Monheim am Rhein
DORMAGEN
Erkrath
Benrath
Urdenbach
Baumberg
Garath
Richrath
Immigrath
Reusrath
Wiescheid
Ohligs
Aufderhöhe
Merscheid
Lohdorf
Ziegwebersberg
Pattscheid
Bergisch Neukirchen
Sandheide
Kleef
Eller
Wersten
Bilk
Flehe
Grimlinghausen
Uedesheim
Delrath
Allerheiligen
Rosellerheide
Rosellen
Norf
Schlicherum
Gnadental
Erfttal
Pomona
Nievenheim
Ückerath
Horrem
Straberg
Delhoven
Hackenbroich
Zons
Feste Zons
Schloss Friedestrom
Rheinfeld
Zaunswinkel
Worringen
Hitdorf
Gohr
Helterhof
Rhein
Tour 2
Schloss Mickeln
Schloss Benrath
Schlosspark
Botanischer Garten
Kloster Knechtsteden
Vogelpark
Marienburg
8
9
10
11
12
13
14
15
16
17

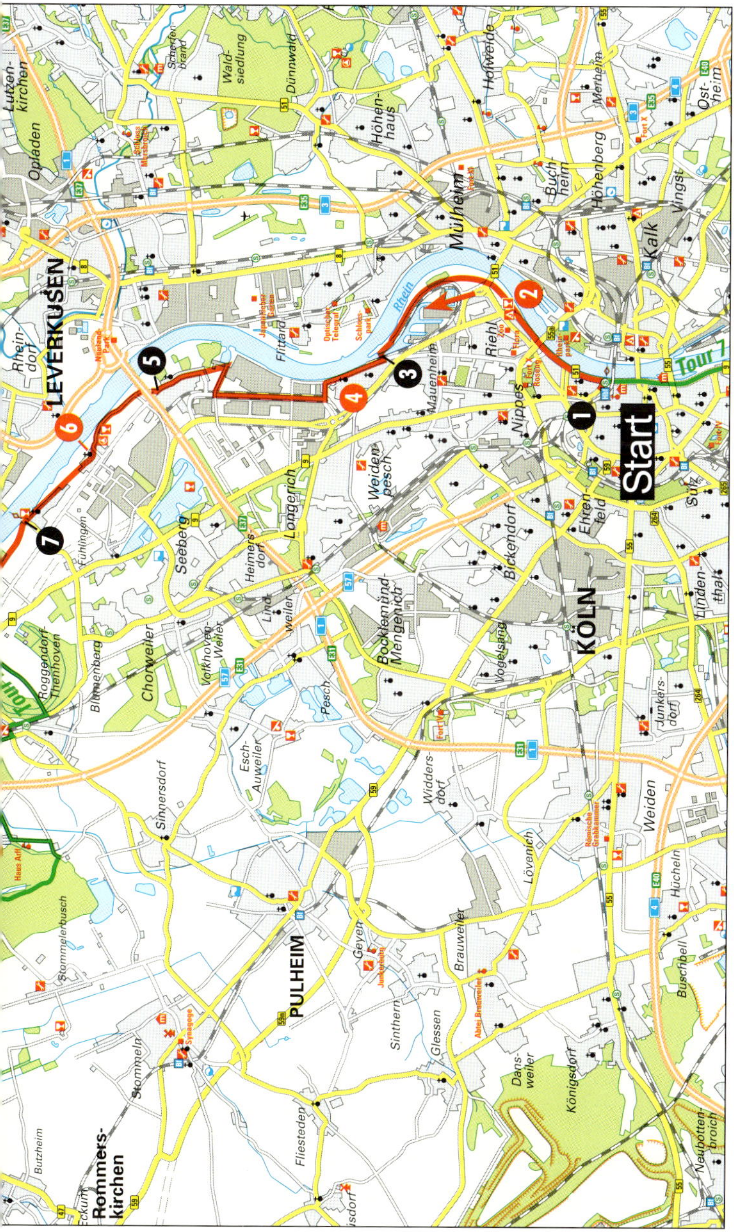

Start
KÖLN
LEVERKUSEN
PULHEIM
Rommers-kirchen
Tour 7
Rhein
Mülheim
Nippes
Ehrenfeld
Kalk
Riehl
Mauenheim
Weidenpesch
Longerich
Seeberg
Chorweiler
Bickendorf
Vogelsang
Bocklemünd-Mengenich
Lindweiler
Heimersdorf
Volkhoven-Weiler
Blumenberg
Roggendorf-Thenhoven
Fühlingen
Esch-Auweiler
Pesch
Widdersdorf
Lövenich
Weiden
Junkersdorf
Lindenthal
Sülz
Brauweiler
Dansweiler
Königsdorf
Sinthern
Glessen
Geyen
Fliesteden
Sinnersdorf
Stommeln
Stommelerbusch
Butzheim
Flittard
Höhenhaus
Dünnwald
Waldsiedlung
Schlebusch
Opladen
Lützenkirchen
Rheindorf
Holweide
Buchheim
Höhenberg
Merheim
Vingst
Ostheim
Buschbell
Hücheln
Neubottenbroich

werke nach Köln holen konnte. Auf dem wie eine Kleinstadt wirkenden Gelände arbeiten über 25.000 Beschäftigte.

An der nächsten Ampel wieder rechts auf dem Radweg und in Höhe des Heizkraftwerkes Nord, erkennbar an dem hohen Schornstein, biegen wir dem Fahrradwegweiser in Richtung Merkenich und Worringen folgend nach rechts in den *Ivenhofsweg* ab. Wir halten uns bald links und fahren durch Merkenich auf der Hauptstraße hindurch.

In **Merkenich** finden sich noch schöne alte Backsteinhöfe und kleine Schiffer- und Fischerhäuschen. Auch der alte Bildstock (unterhalb der Kastanie) am Ortsausgang von Merkenich ist sehenswert.

12,5 km Am Ortsausgang von **Merkenich** ❺ mit der Autobahnbrücke nach Leverkusen in Sicht, biegen wir vor einer alten Kastanie nach rechts in den *Kasselberger Weg* ein.

Wir erreichen bald Kasselberg, durch das wir hindurch radeln.

Kasselberg geht bei Rheinhochwassern in den Wintermonaten immer dann durch die Medien, wenn es aufgrund seiner direkten Rheinlage wieder einmal überflutet worden ist und dadurch von der Außenwelt abgeschnitten wie eine Hallig im Rhein liegt.

14,5 km Am Ortseingang von **Rheinkassel** folgen wir der Straße bergan und biegen nach etwa 50 m nach rechts in die *Amandusstraße* ein. Hier folgen wir der Radwegbeschilderung über einen kleinen Platz, unter einem Torbogen hindurch auf einen weiteren Platz nach Rheinkassel hinein. Ab Herbst 2008 soll der Radweg direkt auf dem Damm vor der Kirche verlaufen.

Hier liegt die sehr schöne romanische Dorfkirche **St. Amandus** ❻ auf einer durch den Deich gebildeten Terrasse über dem Rhein. Im 9. Jahrhundert von der flämischen Abtei Elno gegründet, wurde um 1200 der Westturm errichtet, der wohl als Wehrturm diente. Nur einige Jahre später wurden die beiden Seitenschiffe angebaut. An St. Gereon in Köln erinnern die beiden Chorflankentürme; und tatsächlich gehört St. Amandus seit 1156 zum Kölner Stift St. Gereon, dem sie nachempfunden wurde. In der Westfassade steht übrigens eine interessante Standfigur, die den heiligen Amandus, den Namenspatron der Kirche und Klostergründer von Elno zeigt.

Fähre in Zons

Am Ortsausgang von Rheinkassel fahren wir auf dem Rheindamm nach **Langel** ❼. 17 km

Wir fahren links den Fähranleger hinauf und biegen auf der Deichhöhe nach rechts auf den Deichweg nach Worringen, wo wir auf dem Radweg der *B9* weiterradeln.

Wir befinden uns nun auf der alten Römerstraße, die vor etwa 2000 Jahren Köln mit Neuss verband.

In die Geschichte eingegangen ist das heute zu Köln gehörende **Worringen** als Schauplatz der Schlacht von Worringen im Jahre 1288. Angelegt wurde der Ort im 1. Jahrhundert n. Chr. mit dem Namen »Castrum Buruncum« als Zwischenstation an der bereits erwähnten Straße von Köln nach Neuss.

23 km Kurz vor Dormagen, nach den Tankschiffanlegestellen (8) müssen wir aufpassen und an der Ampel nach rechts den Wegweisern Richtung Zons folgen. Der schmale asphaltierte Radweg führt nun wiederum auf dem Deich nach Zons. Wir fahren den Deichweg entweder bis zum Ende und biegen dann von Norden her durch das Rheintor nach **Zons** ein, oder verlassen den Deich schon 200 m zuvor und gelangen durch das gleiche Tor nach Zons.

Die ausführliche Beschreibung der Sehenswürdigkeiten von **Zons** findet sich unter Tour 2.

Wer seine Kräfte ein wenig überschätzt hat oder eine kürzere Tour machen möchte, dem bietet sich hier in Zons die Möglichkeit, mit der Fähre nach Benrath überzusetzen und dadurch ein Stück abzukürzen.

29 km Nach der Besichtigung von **Zons** (9) fahren wir auf der verkehrsarmen Deichstraße in Richtung Stürzelberg. Die Route 2 verlassen wir in Zons, kreuzen diese aber nochmals in **Stürzel-**
32,5 km **berg** (10) . Hinter der Gaststätte Vater Rhein biegen wir nach links in die *Feldstraße* ein, von der wir die nächste Straße (*Delrather Straße*) nach rechts nehmen und nun immer weiter geradeaus bis zur *B9* radeln.

Wir fahren nun auf dem Radweg links der *B9* in Richtung Neuß, überqueren den mit dem Rhein in Verbindung stehenden
35,5 km **Silbersee** (11) und achten kurz darauf auf den Fahrradwegweiser in Richtung Düsseldorf. Wir überqueren hier die *B9* (Achtung gefährliche Stelle) und folgen einem Weg, der sich bald nach links wendet in Richtung Uedesheim.

Vor den ersten Häusern von **Uedesheim** biegen wir rechts ab und halten uns, nachdem wir den Ort erreicht haben, links (*Macherscheiderstraße*), immer den Radwegweisern folgend. An der beampelten Kreuzung im Ort geht es dann rechts in die *Rheintorstraße* und an deren Ende wieder links in die *Deichstraße*. Hier befindet sich ein nettes Ausflugslokal mit Rheinblickterrasse
38 km (**Rheinterrasse Nix**) (12).

Vor dem Sackgassenschild biegen wir links von der *Deichstraße* ab, weiterhin den Wegweisern folgend und gelangen auf den *Wahlscheider Weg*.

Vor dem Gehöft hält man sich links und an der folgenden Straße rechts, bis der Wegweiser uns einen Weg nach rechts

Kühe am Zonser Grind

weist, der in Richtung **Fleher Brücke** führt. Von diesem Weg müssen wir nochmals nach links in Richtung Rheinbrücke abbiegen, bevor wir nun auf dieses imposante Bauwerk gelangen.

Hier auf der **Fleher Brücke** wird eindringlich bewusst, was für einen immensen Lärm eine Autobahn verursacht, sodass wir froh sind, wenn wir die Brücke wieder verlassen können.

Nach der **Brückenabfahrt** ⑬ biegen wir links ab und fahren nun stromaufwärts in Richtung Benrath. Der Weg führt durch ein Wasserwerksgelände. 41,5 km

Vor der Unterführung des Radwegs unter der Autobahn hindurch biegen wir rechts ab (Achtung, kein Wegweiser). Am Ende dieser Werksstraße biegen wir rechts in die *Himmelgeister Landstraße* ab und folgen dieser nach **Himmelgeist** ⑭ hinein. 44 km
Auf freiem Feld biegen wir rechts in den Privatweg ein (Zufahrt zur Metzgerei frei), an dessen Ende wir links weiterfahren.

Vorbei geht es nun an der schönen Kirche von Himmelgeist, hinter der wir uns schräg rechts auf dem Radweg durch die Weiden halten.

Der im Zuge einer Eingemeindungswelle von Düsseldorf im Jahre 1909 eingemeindete Stadtteil **Himmelgeist** wurde bereits im Jahre 904 erstmals erwähnt. Im Jahre 1144 wird Himmelgeist in einer kaiserlichen Urkunde als Besitz des Villicher Stifts (Bonn) genannt. Die Ursprünge der am Rheinufer gelegenen romanischen Kleinbasilika **St. Nikolaus** gehen bis in die Mitte des 12. Jahrhunderts zurück. **Schloss Mickeln** lädt kulturhungrige Radler noch zu einer kurzen Außenbesichtigung ein, liegt jedoch nicht unmittelbar an unserer Wegstrecke, Schilder weisen den Weg. Schloss oder Haus Mickeln wurde 1839 bis 1842 erbaut und geht auf das Vorbild der Genueser Palais des 16. Jahrhunderts zurück. Im ehemalig sehr weitläufig angelegten Schlosspark waren die älteren Gebäude der Umgebung wie der Meierhof, der Frohnhof und die romanische Kirche durch Blickachsen miteinander verbunden. Gestaltet wurde dieser Landschaftsgarten vom Düsseldorfer Gartenarchitekt Maximilian Friedrich Weyhe, der jedoch die Fertigstellung dieses großartigen Gartens nicht mehr erlebte. Sein Sohn Josef Clemens Weyhe vollendete sein Werk. Heute ist der Garten jedoch auf einen Bruchteil seiner ehemaligen Ausmaße geschrumpft, denn der größte Teil der einstigen Fläche wird landwirtschaftlich genutzt.

Wir bleiben auf diesem durch die malerischen Rheinwiesen führenden Weg. Bald mündet der Weg auf einen Pfad auf
49 km dem Rheindeich. Am Ende dieses Weges ⓯ biegen wir rechts ab, folgen dieser Straße und biegen dann nach rechts auf eine breite durch ein altes Industriegebiet führende Straße ab, die uns direkt auf die *B8* leitet. In die Straße *Benrather Schlossufer* biegen wir nach rechts ab.

Wir fahren nun auf dem Radweg, bis wir an das Rheinportal des Benrather Schlossparks gelangen, in das wir einbiegen.

51 km Im **Schlosspark** ⓰ fahren wir nur langsam und geben auf die Spaziergänger Acht, gegebenenfalls steigen wir ab und schieben. Wir können nun entweder links oder rechts herum auf vielen verschiedenen Wegen auf das Schloss zufahren.

Schloss Benrath gilt als eines der schönsten Jagd- und Lustschlösser im Rheinland. Schon 1222 stand an der Stelle des heutigen

Rheintor in Zons

Schlosses eine Burg, die den Herren von Benrode gehörte. Eine Kirche soll dort bereits im Jahre 1005 erbaut worden sein.

1662 wurde ein siebenachsiges belvedereartiges Schloss mit zwei hohen Türmen unter der Herzogin Elisabeth Amalie von Hes-

Am Rhein

sen Darmstadt erbaut. In seinen Dimensionen übertraf das alte Schloss das heutige um einiges. Heute sind nur noch der nördliche Flügel der Vorburg (heute Orangerie) und ein Teil des Südflügels (Kapelle) vom einstigen mächtigen Schloss erhalten. Große Teile des alten Schlosses wurden bis 1896 als Kaserne zweckentfremdet.

Das heutige Schloss wurde jedoch erst von 1756 bis 1773 durch Kurfürst Karl Theodor von der Pfalz nach den Plänen des Lothringer Architekten Nicolas de Pigage erbaut, denn das alte Schloss war durch einen Brand und Feuchtigkeit beschädigt und entsprach auch nicht mehr den Wünschen des Kurfürsten. Das Schloss entstand an anderer Stelle in einem völlig umgestalteten Schlosspark. Von außen scheint das Schloss nur zweigeschossig, im Innern jedoch befinden sich drei Etagen hinter den hohen Fensterflügeln. In der unteren Etage liegen die Wohngemächer des Kurfürsten und seiner Gemahlin, die großen Repräsentationsräume, der Kuppelsaal und der westliche Gartensaal. Im Zwischengeschoss wohnte die Dienerschaft und die obere Etage beherbergte zwei Dreizimmer- und zwei Vierzimmerapartments für hohe Hofbeamte, eine Schlosskapelle und zwei Gesellschaftsräume. Im Inneren befinden sich des Weiteren zwei Lichthöfe. Alles zusammengerechnet wohnte man hier in 84 Zimmern.

Der Bauherr selber nutzte sein Schloss nur zweimal für eine kurze Zeit. 1806 bis 1808 wohnte der Schwager Napoleons Joachim Murat Großherzog von Berg in Benrath. 1811 war Napoleon zu Gast. Seit 1815 war Benrath in preußischem Besitz und 1911 erwarb die Gemeinde Benrath Schloss und Park. Heute finden kulturelle Veranstaltungen und Staatsempfänge in den Gebäuden statt.

Erwähnenswert ist noch, dass das Vorbild für Fontanes Effi Briest hier gelebt hat. Die Protagonisten Landrat Instetten und Effi Briest waren in Wirklichkeit der Rittmeister von Ardenne und seine Frau Else. Auch bei Thomas Mann und Emil Barth ist das Schloss Schauplatz der Handlung.

Der über 360.000 qm große **Park** dehnt sich vom Zentrum Benraths bis hin zum Rheinufer (südwestliches Ende) aus und ist nach französischem Vorbild stark geometrisch geprägt. Der 800 Meter lange Spiegelweiher läuft genau auf den Kuppelsaal zu. Der Schlosspark wurde und wird immer noch durch den um den Park geleiteten Itterbach begrenzt und war der Öffentlichkeit nicht zugänglich. Hier fanden nun der Kurfürst und seine Gäste ein Miniaturjagdrevier vor, aus dem gelegentlich das Wild davonlief.

Im Schloss zeigt ein Museum Möbel, Uhren, Porzellan und fürstliches Kunstgewerbe.

Im westlichen Pavillon befindet sich das Naturkundliche Heimatmuseum Benrath, in dem es seit 1929 Sammlungen zur Natur-, Jagd- und Forstkunde zu betrachten gibt.

Nach der Besichtigung von Schloss und Park verlassen wir den Park an der Südseite des Teichs vor dem Schloss (dort, wo das Café liegt) und fahren den Radweg nach rechts, bis zur nächsten Rechtskurve der *B8*. Hier überqueren wir die Bundesstraße und folgen den Straßenbahnlinien durch die Fußgängerzone, die direkt auf den Bahnhof von **Benrath** ⓱ zuführt. 54,5 km

Festung Zons - ein Hauch von Niederrhein

Köln - Worringen - Zons - Stürzelberg - Nievenheim - Straberg - Kloster Knechtsteden - Delhoven - Hackenbach - Worringen

Zunächst führen ruhige Wege durch den Worringer Bruch am Rhein entlang bis Zons. Nach Stadtbesichtigung und vielleicht auch Cafébesuch radeln wir weiter am Fluss auf einem Uferweg in Richtung Stürzelberg. Auch diese ausgeprägte Rheinschlinge mit ihren aufgelockerten Pappelwäldern bietet sich für eine Pause an. Hinter Stürzelberg gelangen wir auf die bekannte Kaiserroute von Aachen nach Paderborn, der wir bis zum Kloster Knechtsteden folgen. Dabei durchqueren wir die letzten Kilometer vor Knechtsteden den einst undurchdringlichen Chorbusch bis zu dessen südlichem Ende. Am Haus Arff vorbei geht es zurück zum Worringer Bahnhof.

Start und Ziel:	Bahnhof Worringen (S-Bahn) mit guten Verbindungen von und nach Köln sowie nach Neuss-Krefeld (495)
Streckenlänge:	45 km
Streckenprofil:	flach
Wegebeschaffenheit:	überwiegend asphaltierte Wegstrecken, meistens auf Wirtschaftswegen, drei kurze nicht asphaltierte Passagen
Sehenswürdigkeiten:	Worringer Bruch, Zons, Zonser Grind, Kloster Knechtsteden, Tierpark Tannenbusch, Hügelgräber im Chorbusch, Haus Arff
Gaststätten:	großes Angebot in Zons, des Weiteren: Piwipp (Dormagen), Zur Rheinfähre (Zons), Pit Jupp (Zonser Grind), Vater Rhein (Stürzelberg), Klosterhof Knechtsteden (Knechtsteden), Krebelshof (Worringen)
Verknüpfungen:	In Worringen, Zons und Stürzelberg mit Tour 1 und bei Haus Arff (Hackenbroich) mit Tour 3
Karten:	ADFC-Regionalkarte Köln/Bonn 1 : 75.000 (Bielefelder Verlag)

Basilika Knechtsteden

Die Tour auf einen Blick

Nr	km	Beschreibung
1	0	Mit dem Bahnhof **Worringen** im Rücken nach re. und unten weiter geradeaus, nächste li.
2	2,5	Kurz vor **Worringen** li. in *Schmaler Wall* und an Eisdiele gerade, auf Vorfahrtsstr. bleiben. Nach Kurve re. und weiter bis *B9*,
3	6,0	nach **Anlegestellen** für Tankschiffe B9 überqueren (Ampel) und auf Deich Radweg nach Zons,
4	12,0	von Norden durch Rheintor nach **Zons** hinein (Besichtigung). Zons durch das Rheintor verlassen und in Richtung Fähre fahren, am Rhein bis »Pit Jupp« und weiter bis **Stürzelberg.**
5	19,0	In **Stürzelberg** (auf dem Deich) re. und hinter Gaststätte »Vater Rhein« li. in die *Feldstraße.*
6	21,5	Durch **Wald**, re., über *B9*, unter Autobahn durch (Kaiserroute folgen bis Knechtsteden) und
7	24,0	re. neu gebauten **Industriekomplex** umfahren. Im Industriegebiet li. und nach der Brückenabfahrt über die Bahn nach re. auf die ursprüngliche Kaiserroute.
8	26,0	Vor **Nievenheim** li., dann re. und sofort li. bis L380, Überqueren der *L380*, am Ortsausgang re. und dann li., am Ende des Weges re. nach **Ueckerath**. Erste li. und bis Ortsende, hier li. auf Feld; vor Hecke re. (Kaiserroute).
9	29,5	Wieder im Ort li. und vor Kloster Knechtsteden li. bis *L36* re. und nach 100 m re. zum
10	33,5	**Kloster Knechtsteden**. Zurück zur *L36* und re. bis zur *L280*; über Straße, li. und nach 150 m re. in Wald. Am Ende der Siedlung re. über Waldparkplatz auf geteerter Weg in Chorbusch.
11	38,0	Im **Chorbusch** ehemalige, rückgebaute Straße überqueren und geradeaus auf Waldweg.
12	40,0	Am **Waldende** li. und vorbei an Hof bis zur nächsten Wegkreuzung. Hier vor Hecke li.
13	41,0	Zur Linken liegt **Haus Arff**. Am Ortseingang von **Hackenbroich** hinter Pferdestall re. und Weg bis Eisenbahnüberquerung folgen.
14	43,5	Kurz vor **Eisenbahnüberführung** re. in kleine Straße

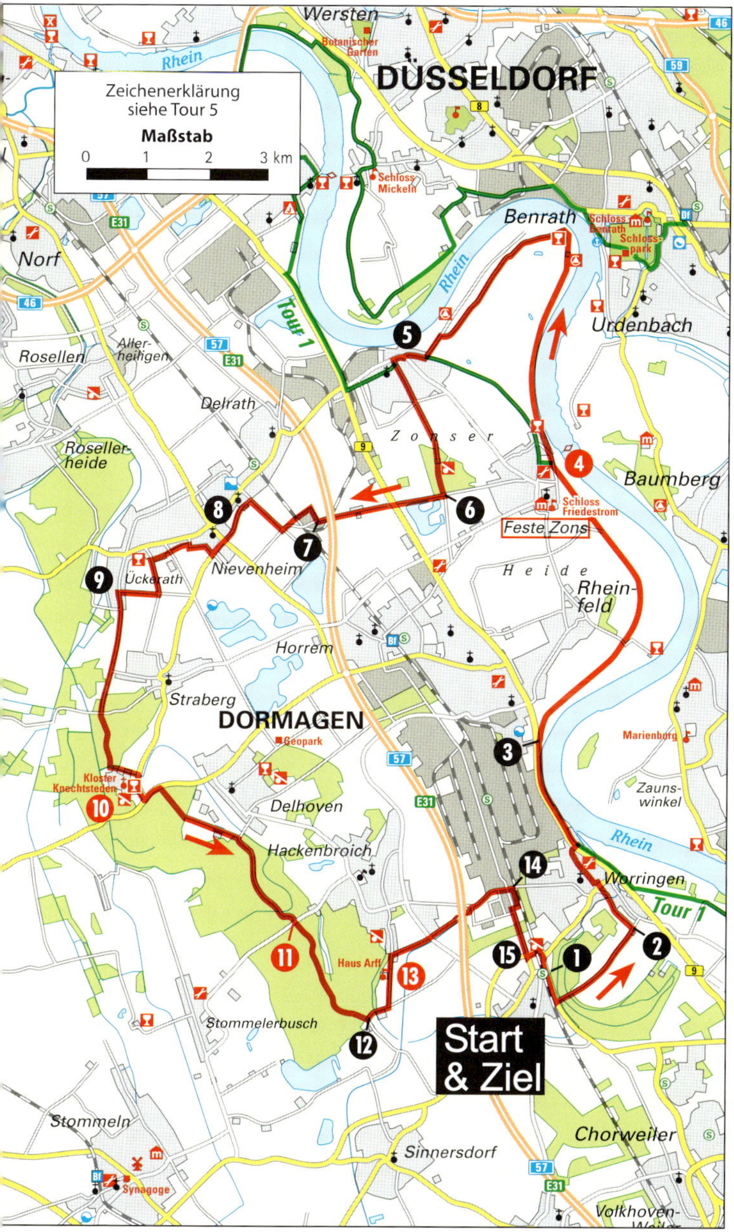
Zeichenerklärung
siehe Tour 5
Maßstab
0 1 2 3 km
DÜSSELDORF
Wersten
Botanischer Garten
Rhein
Schloss Mickeln
Benrath
Schloss Benrath
Schloss-park
Norf
Urdenbach
Tour 1
Rosellen
Aller-heiligen
Delrath
Zonser
Roseller-heide
Baumberg
Schloss Friedestrom
Feste Zons
Ückerath
Nievenheim
Heide
Rhein-feld
Horrem
Straberg
DORMAGEN
Geopark
Marienburg
Kloster Knechtsteden
Delhoven
Zauns-winkel
Hackenbroich
Worringen
Haus Arff
Stommelerbusch
Start & Ziel
Stommeln
Synagoge
Sinnersdorf
Chorweiler
Volkhoven-Weiler

abbiegen und am
⑮ 44,5 öffentlichen **Golfplatz** vorbei. Am Ende der Straße am Stopschild li., unterqueren der Bahnlinie weiter bis
❶ 45,0 **Bahnhof.**

Mit dem Bahnhof **Worringen** ❶ im Rücken fahren wir nach rechts, vorbei an den alten Kastanien und der ehemaligen Mühle auf der linken Straßenseite. Wieder auf der ursprünglichen Höhe angekommen, führt unsere Route nach links in den *Senfweg* hinein durch den Worringer Bruch, einen ehemaligen Rheinarm.

Der **Worringer Bruch** wurde zur Römerzeit noch vom Rhein durchflossen. An der leicht geschwungenen Form erkennt man vor allem auf der Landkarte, aber auch in natura den Verlauf der ehemaligen Rheinschlinge: Vor etwa 8000 Jahren entstanden, wurde sie in den Jahrtausenden danach regelmäßig vom Rhein überflutet, der sich aufgrund des wärmeren Klimas wieder tiefer in die Landschaft einschnitt und nicht mehr ein so breites Bett benötigte. Große naturbelassene Flächen bilden ein Kleinod für die Natur und den ruhesuchenden Menschen. Zur Zeit scheint der Wasserspiegel in dem Naturschutzgebiet wieder etwas zu sinken, er ist eng mit dem sehr hohen Grundwasserspiegel dieser Region verbunden. Mit ein wenig Glück kann man im Sommer eine Nachtigall oder einen Pirol sehen, zumindest aber hören, die beide hier brüten. Wer am Ende der Runde etwas Zeit hat, kann hier noch ein wenig entspannen, sollte die Wege jedoch nicht verlassen.

2,5 km Kurz vor **Worringen** ❷ biegen wir in den Feldweg *Schmaler Wall* ein. Diesen fahren wir weiter, bis er gegenüber einer Eisdiele (Achtung: sehr gutes Eis) auf eine Straße trifft. Hier geradeaus weiter und der Vorfahrtsstraße nach links folgen. Nach der Kurve nehmen wir die erste Straße nach rechts: *Lievergesberg*. Mit ihr überqueren wir die Hauptverkehrsstraße und fahren ein paar Meter gegen die Fahrtrichtung in die Einbahnstraße hinein. Wir gelangen nun auf den linksseitigen Radweg der B 9 nach Dormagen und treffen auf Tour 1.

Erläuterungen zu **Worringen** finden sich unter Tour 1.

Zons

Am Ortsausgang von Worringen wird der Radweg sehr breit und führt am Gelände der Erdölchemie mit den Rohrbrücken zur Beladung von Schiffen mit Chemieprodukten vorbei. Kurz vor Dormagen, nach den **Tankschiffanlegestellen** ❸, müssen wir aufpassen und an der Ampel nach rechts den Wegweisern Richtung Zons folgen. Der schmale asphaltierte Radweg führt nun auf dem Deich in Richtung Zons. 6 km

Wir fahren den Deichweg bis zum Ende und biegen dann von Norden her durch das Rheintor nach **Zons** ❹ ein. 12 km

…n jedem Fall einen Besuch wert ist das mittelalterliche Städtchen **…ons**, in dem jedoch bei schönem Wetter viel los ist. Bereits um die …ahrtausendwende wurde Zons kölnisch. Im Jahre 1372 wurde die …ollstrecke für die Rheinschifffahrt von Neuss nach Zons verlegt. Sie …rachte den Kölner Erzbischöfen reiche Einkünfte, und vom mäch…igen Zollturm aus, zu dem man durch das Rheintor gelangt, …onnten die Zöllner den Rhein überblicken und die zollpflichtigen …chiffe ausmachen. Der **Zollturm** war Bestandteil der von 1373 bis …400 errichteten Befestigungsanlage mit integrierter Burg, die auf …len baufreudigen Erzbischof Friedrich von Saarwerden zurück…eht. Dieser Befestigungsanlage verdankt die Stadt auch ihr heuti…es geschlossenes Bild. Vom ursprünglichen mittelalterlichen Häu…erbestand ist jedoch nur wenig erhalten, denn im Jahre 1620 zer…törte ein Großbrand nahezu alle Gebäude der Stadt, nur die Burg …nd fünf Häuser blieben unversehrt.

Über das **Rheintor** und die *Rheinstraße* gelangt man vorbei ar schönen Bürgerhäusern und den Wehrtürmen der Stadtmauer – sie wurden auch Pfefferbüchsen genannt – zum Kreismuseum Zons Hier findet man die größte Jugendstilzinnsammlung Europas sowie Exponate zur Stadtgeschichte und Rheinschifffahrt. Ein Relief an der Stadtseite des Rheintors zeigt den Erbauer vor dem heiligen Petru kniend, der ihm den Rheinzoll überreicht. An der Kante des Rhein-tors sind die Hochwassermarken von 1882, 1920, 1924 und 192 angebracht. Früher lag die Stadtmauer direkt am Rhein. Gleich da hinter liegt der Marktplatz – nicht wie üblich mitten im Städtchen sondern (früher) hinter der Mauer möglichst nah am Rhein, an der Schiffen, an den Waren. Heute ist Zons durch einen mächtiger Rheindeich, auf dessen Krone radelnd wir ja das Städtchen er-reichten, geschützt.

Zeitweise als Gefängnis diente der gotische **Juddeturm** in de Schlossstraße, dessen Namen auf die Kölner Patrizierfamilie vor Judde zurückgeht. Der eigentlich als Befestigungsturm in die Süd westecke der Befestigungsanlage integrierte **Mühlenturm** wurde im 15. Jahrhundert zur Mühle umgebaut. Bis zu einem Sturm im Jahre 1909 wurde hier das Korn der umliegenden Felder gemahlen Heute kann man die funktionstüchtig rekonstruierte Mühle mi ihrem hölzernen Mahlwerk im Inneren wieder besichtigen.

Die Pfarrkirche **St. Martin** wurde 1875 bis 1879 nach den Plä nen von Vincenz Statz als dreischiffige Hallenkirche aus Backstein er baut. **Burg Friedestrom** wurde von den Siegern der Schlacht vor Worringen zerstört und später vom Erzbischof Friedrich von Saar werden wieder aufgebaut. Sie bildete innerhalb der Stadtbefesti-gung einen eigenen, besonders gesicherten Bereich. Erhalten blieb von dem Hochschloss nur noch der viergeschossige Torturm mit ei-nigen angrenzenden Bauteilen. In dem fast quadratischen Grundris der Stadtbefestigung (250x300 m) nahm die Burg das südöstliche Viertel ein. 1975 wurde Zons, nachdem es 601 Jahre die Stadtrechte besessen hatte, nach Dormagen eingemeindet.

Wir verlassen Zons wieder durch das Rheintor und fahren genau auf die Autofähre zu. Nach der holprigen Fährzufahrt (Kopfsteinpflaster) halten wir uns geradeaus. Zur Linken kann man sich in der Gaststätte »Zur Rheinfähre« noch einmal stärken, bevor es weitergeht.

Kurz darauf treffen wir auf eine kleine Schiffswerft. Der Weg führt weiter am Rhein entlang, ist bei Hochwasser jedoch oftmals

Entenfamilie am Rhein

nicht passierbar. Am Campingplatz, der bei Hochwasser geräumt werden muss, fahren wir schräg geradeaus auf den asphaltierten Weg.

Wir folgen dem Weg durch den Platz und gelangen nach einer Rechtskurve zur Gaststätte »Pit Jupp«, wo man herrlich im Freien etwas Kühles trinken kann. Auf der anderen Rheinseite erstreckt sich der Park des Schlosses Benrath (Tour 1).

Weiter geht es auf einer guten Straße in Richtung Stürzelberg. Das eingezäunte Gebiet zur Rechten ist Wasserschutzgebiet. Die Gebäude auf den Anhöhen dienen als Pumpstationen, wo das Rheinuferfiltrat gewonnen wird.

In **Stürzelberg** ❺ geht es auf dem Rheindamm rechts weiter, 19 km
vorbei an dem schönen Ausflugslokal »Vater Rhein« und dann in die zweite Straße nach links, die *Feldstraße*. Es geht nun über die Felder auf einen kleinen **Wald** ❻ zu. An seinem Beginn halten 21,5 km
wir uns halb rechts und folgen dem gut fahrbaren Weg an einem Abenteuerspielplatz vorbei bis an das Ende des Waldes.

Hier treffen wir wieder auf die Kaiserroute, die von Zons her auf unsere Route mündet, folgen ihr, biegen somit nach rechts auf die *Nievenheimer Straße* ab. In den Baggerlöchern zur Linken könnte man an heißen Tagen ein Bad nehmen.

Wir überqueren die B 9, fahren den *Ernteweg* an einem alten Wegkreuz geradeaus weiter, unter der Autobahn A 57 durch und dahinter rechts und wieder links an einem neuen **Indu-**
24 km **striekomplex** ❼ vorbei. Nach der Brücke biegen wir nach rechts auf die ursprüngliche Kaiserroute bis zum Kloster Knechtsteden und brauchen das Buch nicht mehr zur Hand zu nehmen. Aber Vorsicht, manchmal sind die Wegweiser etwas versteckt und sehr klein. Deshalb wird der Weg wenigstens knapp beschrieben.
26 km Vor der nächsten Ortschaft (**Nievenheim**) ❽ biegt die Route nach links, auf dem Feld rechts und danach sofort wieder nach links ab. So gelangen wir schließlich über die L 380.

Die **Wallfahrtskirche St. Salvator** in Nievenheim – nicht direkt an unserem Weg – wurde von 1741 bis 1743 in holländischem Barock als weite Halle erbaut. Für eine bäuerliche Siedlung wirkt vor allem das Innere der Kirche etwas überdimensioniert. Die drei Altäre wurden von Johann Conrad Schlaun entworfen. Den Hochaltar stiftete der Kurfürst und Erzbischof Clemens August.

Geradeaus weiter auf dem *Straberger Weg*, am Ortsausgang von **Nievenheim** sofort nach rechts ab und wenig später nach links zwischen den Pferdegattern hindurch. Am Ende des Weges geht es wieder rechts nach **Ückerath** hinein, wo wir in die erste Straße nach links, die *Sebastianstraße*, einbiegen. Im weiteren Verlauf heißt diese Straße dann *Kroschstraße*. An ihrem Ende (Ortsende) biegen wir links ab und kommen auf die Felder, biegen vor der nächsten Hecke nach rechts ab und ge-
29,5 km langen wiederum in einen Ortszipfel von Ückerath ❾. Hier biegen wir links ab und verlassen den Ort.

Weiter bis zu einer Kreuzung im Wald, dort geradeaus auf dem Waldweg bis vor die Klosteranlagen Knechtsteden. Dort links, entlang der Einfriedung auf die L 36 zu, wo wir rechts abbiegen und nach etwa 100 m wiederum nach rechts den Weg
33,5 km zum **Kloster** ❿ einschlagen. Hier vor dem Kloster bietet sich der »Klosterhof« vor oder nach der Besichtigung für eine letzte Stärkung an.

Das **Kloster Knechtsteden** wurde 1130 auf einer leichten Anhöhe oberhalb der Mulde eines alten Rheinarms vom Kölner Domdechanten Hugo von Sponheim gegründet. Dieser übertrug das Kloster auf den damals aufblühenden Prämonstratenserorden, wie

Klostertor Knechtsteden

der der Zisterzienser ein Reformorden. Sie lebten in Askese und äußerster Bescheidenheit. Im 12. und 13. Jahrhundert verhalfen die Ordensbrüder dem Kloster zu hohem Ansehen. Das Missionsgebiet der Prämonstratenser lag in Osteuropa, wo sie ganze Landstriche bekehrten und das dortige Land kultivierten.

1138 legte man den Grundstein für einen Kirchenbau (St. Maria und St. Andreas). Bis 1151 waren Chor und Querschiff vollendet. Albert von Sponheim stellte die Mittel für den Rest des Bauwerks (Schiff, Westchor) zur Verfügung. Albert war als Neffe des Klostergründers ebenso wie dieser Kölner Domdechant.

Die mächtige Dreiturmgruppe, die den umliegenden Wald überragt, war und ist so schon von weitem auszumachen. In der gerundeten Westapsis sind noch Gemälde aus der Erbauungszeit um 1160 zu erkennen. Im Mittelalter nahm der Westchor die Pfarrgemeinde auf, während die Kleriker im Ostchor Platz nahmen. Die Basilika von Brauweiler (Tour 4) zeigt deutliche Ähnlichkeiten mit der von Knechtsteden. In der Neusser Fehde im Jahre 1475 wurden Apsis und Ostchor zerstört, zwei Jahre später in Anlehnung an St Andreas in Köln in schlichtem gotischem Stil neu erbaut.

1869 vernichtete ein Brand die Klostergebäude. Seit dem Neubau 1895 dienen die Gebäude als Missionshaus der Spiritaner. Auf dem Klostergelände befindet sich außerdem noch ein Gymnasium

Heute finden wir sogar ein **Missionsmuseum** vor, dessen Besuch uns in die Welt der katholischen Missionen nach Afrika und Südamerika entführt (65 Missionsgebiete). Viele ausgestopfte Tiere und exotische Gegenstände sind ausgestellt (Öffnungszeiten: So 14–17.30, Di–Sa 10-11.30 und 15–17.30 Uhr).

Zurück zur L 36 fahren wir an ihr rechts bis zur L 280. Hier geht es auf dem Radweg nach links weiter. In der lang gezogenen Kurve etwa nach 150 m biegen wir nach rechts in den Wald und durch ihn in die Gärtnersiedlung Blechhof, die zu Delhoven gehört.

Am Ende der Siedlung führt die Route nach rechts über einen Waldparkplatz auf einen asphaltierten Waldweg durch
38 km den **Chorbusch** (11). Achtung, hier kann man sich leicht verfahren, also erst nach rechts auf den Parkplatz und dann sofort wieder links in den Wald hinein.

Biergarten Knechtsteden

Der **Chorbusch** ist neben der Ville das größte natürliche Waldgebiet im linksrheinischen Kölner Umland. Einst gehörte das Gelände dem Kloster Knechtsteden. Hier findet man noch alle heimischen Baumarten, und auch das Unterholz, die Bodenflora, ist überaus artenreich. Rechts des Weges wird auf ein Stück Wald hingewiesen, in das der Mensch nicht eingreift. Diese Naturwaldzelle ist eine von mittlerweile etwa 60 in Nordrhein-Westfalen, die im Rahmen eines Projektes im Jahre 1970 eingerichtet wurden. Der Wald darf in diesem Bereich nicht bewirtschaftet und kein Holz entnommen werden. Neben einem guten Niederwildbestand finden wir im Chorbusch eine außerordentliche Artenvielfalt an Vögeln vor. Besonders empfehlenswert ist eine »Vogelstimmenwanderung« im Frühsommer bei Sonnenaufgang.

Im Chorbusch folgen wir nun immer dem asphaltierten Weg und überqueren nach einem guten Stück die ehemalige, nun rückgebaute Straße von Hackenbroich nach Stommelerbusch. Weiter geht es auf einem nun nicht mehr asphaltierten Weg mit einer dennoch hervorragenden Oberfläche. Am **Waldende**
40 km ⓬ biegen wir links ab und fahren vorbei an einem Hof bis zur nächsten Wegkreuzung. Hier vor der Hecke geht es dann nach links. Zur Linken können wir schon
41 km bald **Haus Arff** ⓭ sehen.

1330 wurde **Schloss Arff** erstmals als Wasserburg genannt. Von 1750 bis 1755 wurde es von Michael Leveilly im Auftrag der großbürgerlichen Kölner Familie von Buschmann im französischen Stil umgebaut und ist bis heute nahezu unverändert geblieben. Die Ähnlichkeit mit Schloss Falkenlust in Brühl ist auffallend, und so wurde der Baumeister wohl auch hiervon inspiriert. Der von einem Wassergraben – gespeist vom Pletschbach – umgebene barocke Ziergarten musste leider einer Rasenfläche weichen, der Wassergraben ist jetzt ein breiter Weg. Nahe an einem alten Rheinarm und damit auf sehr feuchtem Boden wurde das Schloss seinerzeit auf stabilen Baumstämmen erbaut. Auffallend ist auch der aus dem hohen Mansardendach herausragende Turm mit einer Uhr. Schloss Arff zählt zu den schönsten »maisons de plaisance« im Rheinland, wenngleich es auch recht klein ausfällt. Im Bereich des Schlosses sind 11 Bäume in die Naturdenkmalliste aufgenommen worden, wovon 9 holländische Linden sind. 7 Linden stehen beiderseits der großen Freitreppe im Vorhof und symbolisieren nach alter rheinischer Tradition die Sakramente. Heute ist das Schloss im Besitz der Familie Geyr von Schweppenburg. Leider ist nur eine Außenbesichtigung möglich.

Weiter geht es bis zum Ortseingang von **Hackenbroich**, hinter dem Pferdestall nach rechts, über die Straße hinweg, unter der Autobahn durch und weiter geradeaus. Nun haben wir einen beeindruckenden, wenngleich nicht direkt schönen Blick auf die Anlagen der Erdölchemie von Worringen, mit ihren unzähligen Leitungen, Tanks, Kolonnen und Schornsteinen.

Naturschutzgebiet Worringer Bruch

Wir benutzen den Radweg und biegen kurz vor der **Eisen-**
bahnüberführung ⓮ nach rechts in eine kleine Straße ab, die 43,5 km
uns mit ihrer Rechts-links-Kurve fast bis zum Bahnhof von Wor-
ringen bringt. Vorher geht es noch am öffentlichen **Golfplatz** ⓯ 44,5 km
der Stadt Köln vorbei. Am Ende der Straße biegen wir am
Stoppschild nach links ab, unterqueren die Bahnlinie nach Neuss
und befinden uns nach der Unterführung und einem kleinen
Stück geradeaus unmittelbar am **Bahnhof** ❶. 45 km

Mühlen und Windräder bei Pulheim

Pulheim - (Stommeln) - Anstel - Evinghoven - Rommerskirchen - Ingendorf - Büsdorf - Fliesteden - Geyen - Pulheim

Westlich von Köln beherrscht die Landwirtschaft das Bild. Von Pulheim aus verläuft die Route über das alte Mühlendorf Stommeln durch den reizvollen Stommeler Bruch hinauf auf den Höhenzug bei Anstel. Von hier aus radeln wir mehrfach über den Gillbach hinweg durch die Grevenbroicher Region nach Rommerskirchen. Schließlich gelangen wir über das alte Bauerndorf Ingendorf, lieblich in einem kleinen Tal gelegen, nach Büsdorf mit seiner mächtigen Kirche und über Fliesteden nach Pulheim zurück. Die sanften Hügel, die wir einige Male überwinden müssen, gewähren an einigen Stellen eine schöne Aussicht. Die Anstiege sind jedoch in der Regel schon überwunden, bevor sie richtig begonnen haben.

Start und Ziel:	*Bahnhof Pulheim, alternativ Bahnhof Stommeln oder Bahnhof Rommerskirchen, mit guten Verbindungen Köln-Mönchengladbach (490)*
Streckenlänge:	*40 km*
Streckenprofil:	*weitgehend flach, einige ganz sanfte und vor allem kurze Anstiege*
Wegebeschaffenheit:	*bis auf 3 kurze Stücke asphaltierte Wegstrecken, meistens auf Wirtschaftswegen*
Sehenswürdigkeiten:	*Stommeler Mühle, Synagoge Stommeln, zahlreiche alte Gehöfte, gelbes Haus in Anstel, Kirche Evinghoven, Oekoven, Eisenbahnmuseum, Geyen: Junkersburg*
Gaststätten:	*in Pulheim, Stommeln und Rommerskirchen*
Verknüpfungen:	*mit Tour 4 in Büsdorf und mit Tour 2 in Stommelerbusch oder Anstel*
Karten:	*ADFC-Regionalkarte Köln/Bonn 1 : 75.000 (Bielefelder Verlag), ADFC-Radtourenkarte Rheinland/Eifel 1 : 150.000 Blatt 15 (Bielefelder Verlag), Radwanderkarte Erftkreis 1 : 50.000 (Landesvermessungsamt NRW)*

Mühle in Stommeln

Die Tour auf einen Blick

Nr	km	Beschreibung
1	0	Vom Bahnhof **Pulheim** im Rücken bis zur *Venloer-Str. (B59)*, diese schräg überqueren; vor Kirche li. und 3. Straße *(Schürgespfad)* li.
2	4,0	Im Kreisel in **Stommeln** geradeaus, 1. Straße re., über das Feld bis Straße nach Stommelerbusch. Hier li. auf Radweg und nach
3	6,0	**Stommelerbusch.**
4	7,5	Nach Ortsausgang 1. asphaltierten **Weg** li.; an dessen Ende re. und 1. Weg li. bis zu kleinem Höhenzug. Hier der Asphaltierung re. folgen.
5	11,5	1. asphaltierten Feldweg nach li. und auf Kaiserroute bergan bis **Anstel**, die *B477* überqueren und bis Evinghoven.
6	15,0	In **Evinghoven** an Kirche li. in Richtung Oekoven/ Grevenbroich.
7	16,5	In **Oekoven** an Fachwerkhaus li. in *Oekovener Weg* einbiegen (Fahrradwegweiser).
8	20,0	Nach der Durchquerung des ehemaligen **Bahndamms** re. und abermals Bahndamm passieren.
9	21,5	Nach der Unterquerung der **Bahnlinie** bis *B59* in Rommerskirchen und über *B59* durch Wohngebiet bis *B477*.
10	23,0	Über **B477** und leicht bergan bis kurz vor *B59n*, hier re., nach 20 m li. und bergab.
11	26,0	Unten neben **Brücke** nach re. und an asphaltierter Kreuzung li.; an nächster asphaltierter Kreuzung re. und an Bauernhof vorbei nach
12	28,0	**Ingendorf**. Auf Straße re. in Richtung Büsdorf.
13	30,0	In **Büsdorf** li. in Richtung Fliesteden.
14	32,0	In **Fliesteden** der Hauptstraße folgen, neben Kirche li. in Richtung Stommeln.
15	33,5	Noch vor **Abfahrt und Ampel** re. Und vor Hecke li., unten über Brücke re. und dann li., oben re.
16	36,5	Über **Straße** hinweg bis zum Radweg, hier li.
17	37,5	In **Geyen** Hauptstraße folgen, li. nach Pulheim abbiegen und
18	38,0	an der **Junkersburg** vorbei nach **Pulheim** zurück.
	40,0	Nach Bahnunterquerung li. zum **Bahnhof**.

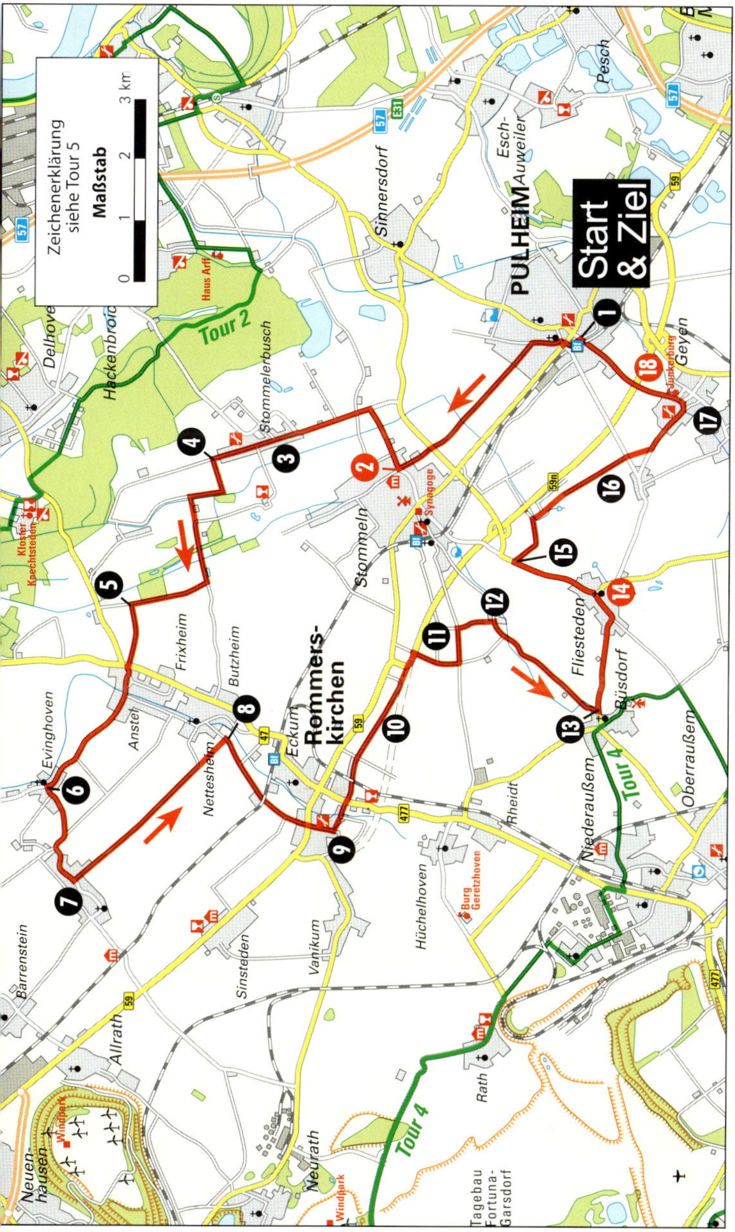
Zeichenerklärung siehe Tour 5
Maßstab
0 1 2 3 km
Start & Ziel
PULHEIM
Rommers-kirchen
Tour 2
Tour 4
Pesch
Esch-Auweiler
Sinnersdorf
Stommeln
Synagoge
Stommelerbusch
Hackenbroich
Delhoven
Haus Arff
Kloster Knechtsteden
Frixheim
Butzheim
Evinghoven
Anstel
Nettesheim
Eckum
Sinsteden
Vanikum
Hüchelhoven
Burg Geretzhoven
Rheidt
Niederaußem
Oberaußem
Büsdorf
Fliesteden
Geyen
Junkersburg
Barrenstein
Allrath
Neuen-hausen
Windpark
Neurath
Rath
Tagebau Fortuna-Garsdorf

Mit dem **Pulheimer Bahnhof** ❶ im Rücken fahren wir geradeaus bis zur *Venloer Straße*, auf diese links und von ihr sofort wieder rechts ab. Vor der Kirche links und die dritte Straße *(Schürgespfad)* links. Diese Straße führt auf einen asphaltierten Feldweg, an einer ehemaligen Kiesgrube vorbei nach Stommeln.

4 km Im Kreisel in **Stommeln** ❷ hält man sich geradeaus und fährt die *Bruchstraße* hinunter. Wer die Mühle besichtigen will, nimmt im Kreisel den *Kattemberg* (eins weiter) zur Mühle hinauf.

Stommeln besitzt als Wahrzeichen die **Stommelner Mühle**. Den Wind, der über den Stommelner Höhenrücken bläst, hat man stets genutzt, erst mit einer hölzernen Bockmühle, dann mit der heutigen Mühle aus Ziegelstein vom Anfang des 18. Jahrhunderts. Damals gehörte sie dem Herzog von Jülich, der auch das so genannte Bannrecht erteilte: Alle Bauern aus Stommeln mussten ihr Getreide in der Stommelner Mühle mahlen lassen. Ende des 18. Jahrhunderts kaufte die Gemeinde die Mühle, und noch bis 1936 hielten Pächter den Mahlbetrieb aufrecht. Heute in Privatbesitz, lässt sich die Mühle leider nur von außen bewundern. – Anders in Zons (Tour 1 und 2): Im Mühlenturm sehen Sie auch ein funktionsfähiges Mahlwerk.

Stommeln weist noch eine Besonderheit auf, die einzige in der so genannten Reichskristallnacht 1938 nicht zerstörte **Synagoge** im Regierungsbezirk Köln. Wie zu vermuten, verdankt das schlichte Backsteingebäude von 1882 seine Erhaltung zwei Zufällen: seiner versteckten Lage hinter dem Haus Hauptstraße 85 und der zweckentfremdeten Nutzung als Stall und Abstellraum seit 1937. Die jüdische Gemeinde von Stommeln wurde zwar bereits 1305 erstmals erwähnt, doch bald nach 1930 gab es nicht mehr genügend männliche Juden hier, um eine eigene Synagoge aufrechtzuerhalten. 1979 kaufte die Stadt das Gebäude, ließ es restaurieren, und heute wird es zum einen von der jüdischen Gemeinde Köln zu seinem eigentlichen Zweck genutzt, zum anderen für ausgewählte kulturelle Veranstaltungen.

Die erste Straße geht es dann nach rechts und über das Feld bis zur Straße nach Stommelerbusch. Hier biegen wir nach links auf den Radweg ab und erreichen bald **Stommelerbusch** ❸, während die Straße in einer Rechtskurve den Ort nur streift. 6 km

1642

Nach dem Ortsausgang von Stommelerbusch führt der erste as-
7,5 km phaltierte **Weg** ❹ nach links. An dessen Ende biegen wir nach
rechts ab und radeln entlang einer Pappelreihe. Den ersten Weg
wiederum links, vorbei an einem Hof, führt unsere Strecke. Ein
Wasserwerk zur Linken, folgen wir dem Weg und nach einer
Rechtskurve, vorbei an einem Pappelwald kommen wir an einen
Abzweig nach links. Wir fahren diesen asphaltierten Weg, der Teil
der Kaiserroute ist, bergan den Kraftwerkswolken von Frimmers-
11,5 km dorf entgegen bis nach **Anstel** ❺, überqueren dort die Bundes-
straße (*B 477*) und fahren in den Ort hinein.
Der Straße folgt man durch den Ort, vorbei an Haus Anstel,
15 km über den Gillbach in Richtung Evinghofen. In **Evinghoven** ❻ fah-
ren wir hinter der Kirche links in Richtung Oekoven/Greven-
broich.
Nach einer kurvenreichen Passage auf dieser wenig befahrenen
16,5 km Kreisstraße erreichen wir **Oekoven** ❼, wo wir an einem Fach-
werkhaus links in den *Oekovener Weg* einbiegen.
Wollen wir dagegen das Eisenbahnmuseum besuchen, dann folgen wir der Hauptstraße in Oekoven weiter an der Kirche vorbei und biegen am Ortsausgang nach links auf die K 26 ab. Auf ihr unter der Bahn hindurch und dann sofort den Wegweisern folgend rechts.

Das **Eisenbahnmuseum** - von einem Verein betrieben - ist im Sommer an Wochenenden geöffnet. In der Regel fährt hier auch an bestimmten Tagen eine Ausflugsbahn, die Gillbachbahn. - Auf dem Weg liegt die kleine Kirche von Oekoven, die sehr sehenswert ist.

20 km Nach der Durchquerung des alten **Bahndamms** ❽ fahren
wir rechts (grüner Wegweiser der Route 2) und passieren abermals den Bahndamm, allerdings unter einer Brücke hindurch. Diese Strecke war die Gillbachbahn. Nun wieder auf der Kaiserroute, fahren wir unmittelbar auf die Kirche von **Rommerskirchen** zu. Hier können wir die Windräder des RWE auf der Allrather Halde sehen.
21,5 km Die Unterführung der **Bahnlinie Köln-Mönchengladbach** ❾
schüttelt uns gut durch, denn hier liegt noch altes Kopfsteinpflaster. Dann überqueren wir die Bundesstraße nach Grevenbroich (*B 59*) und fahren geradeaus weiter. Dort, wo die Kaiserroute nach rechts abbiegt, fahren wir weiter geradeaus und in einer lang gezogenen Linkskurve durch eine Wohnsiedlung. Wir über-

Kraftwerk Niederaußem

queren den Gillbach und schließlich die **B 477** ⑩. Weiter geht es leicht bergan auf einem Hohlweg in Richtung Stommeln. Wir folgen diesem, bald auf freiem Feld, über das Ende der Asphaltierung hinaus und biegen kurz vor der *B 59n* rechts ab, fahren etwa 20 m weiter wieder links und parallel zur Straße leicht bergab. 23 km

Unten neben der **Brücke** ⑪ biegen wir nach rechts ab und folgen dem Weg. Nach einem guten Stück an der asphaltierten Kreuzung links ab, an der nächsten asphaltierten Kreuzung wieder rechts und an einem Bauernhof vorbei gelangen wir über einen bergab führenden Hohlweg nach **Ingendorf** ⑫. 26 km 28 km

Wir fahren rechts in Richtung Büsdorf auf einer wenig befahrenen Straße, biegen in **Büsdorf** ⑬ links in Richtung Fliesteden ab und benutzen den rechtsseitigen höher gelegenen Radweg. 30 km

In **Fliesteden** ⑭ folgen wir der Hauptstraße und biegen neben der Kirche links in Richtung Stommeln ab. An der Ortsgeschichte Interessierte orientieren sich nach Südosten, wo in der Quellmulde des Ommelsbachs die Reste zweier Burganlagen sich hinter dichtem Bewuchs den Blicken beinahe entziehen. 32 km

Die **Oberburg** oder Burg Fliesteden wurde 1292, die **Unterburg** schon 1250 erstmals urkundlich erwähnt. Zwischen Kurköln und dem Herzogtum Jülich gelegen, konnten die beiden Herren der Burgen – für die Oberburg die Ritter von Stommel – damals ihre Unabhängigkeit eine Zeit lang recht gut behaupten. Doch Ende des 15. Jahrhunderts ging die Unterburg in kurkölnischen Besitz über. Um die Oberburg stritt man sich länger. Immer wieder versuchten die Jülicher Herzöge, die Lehnshoheit auszuüben, ehe 1709 Heinrich von Graß diesem Druck nachgab. Das rief den Kölner Kurfürsten auf den Plan, er ließ Fliesteden erobern und Heinrich gefangen nehmen. Danach wechselte der Besitz mehrmals. Die heutigen Hofanlagen beider Burgen ähneln einander stark: im Mittelpunkt der Unterburg das durchaus repräsentative Herrenhaus von 1761 und das Haus in der Oberburg von 1840.

Woher rührt der Name von Fliesteden? Er kann von einer Fliehstätte, also Wehrburg für die Bevölkerung stammen, aber auch von »Fließ«, einem Bach. Von diesem ist in der Nähe der Burgen jedoch wenig zu sehen, weil der nahe Braunkohleabbau das Grundwasser abgesenkt hat.

33,5 km Noch bevor es **bergab** ⓯ nach Stommeln geht, biegen wir auf einen asphaltierten Feldweg nach rechts ab. Diesem folgen wir bergab, vor einer Hecke links und weiter bergab, bis wir an einen Abzweig über eine kleine Brücke nach rechts kommen. Wir folgen weiterhin der Asphaltierung zunächst nach links und nach einem ganz kurzen Anstieg nach rechts. Hier unterhalb des Wenzelbergs liegt ein kleines Naturschutzgebiet mit einem Teich, daneben lädt eine Bank zur Rast.

Der Weg Richtung Geyen ist nur ein kurzes Stück nicht asphaltiert, auf ihm überqueren wir die von Pulheim kommende
36,5 km **Straße** ⓰ und fahren weiter geradeaus an einem Gemüsehof vorbei, bis wir auf einen Radweg gelangen, dem wir nach links entlang einer Obstbaumallee bis Geyen folgen.

37,5 km In **Geyen** ⓱ auf der Hauptstraße in einer Linkskurve durch den Ort. An der Kreuzung geht es links und nach Pulheim, doch zwei Dinge verdienen unsere Aufmerksamkeit:

An einigen Stellen in dem ehemaligen Straßendorf findet man noch die fränkische Siedlungsweise: In unregelmäßiger Flucht stehen kleine, zweigeschossige Giebelhäuser, und dazwischen führen Tore zu den Höfen dahinter.

Windräder auf der Allrather Halde

Die jetzigen Gebäude der **Junkersburg** ⓲ am Ortsausgang- 38 km
rechts wurden im 17. Jahrhundert errichtet. Schon im 14. Jahrhundert stand hier eine Burg mit Wassergraben, die viele Besitzer sah: so einflussreiche wie die Kölner Patrizierfamilie von Judde – 1443 erwähnt – und so sagenumwobene wie die des galanten Raubritters von Graß aus Fliesteden - bis 1664. Der mächtige Eckturm mit Schießscharten stammt ebenso aus dem 15. Jahrhundert wie der runde Eckturm der Vorburg direkt an der Straße.

Auf dem Radweg geht es dann weiter nach **Pulheim**, und nach der Unterquerung der Eisenbahnlinie können wir zur Linken den **Bahnhof** ❶ schon wieder sehen. 40 km

Herrensitze und alte Städtchen entlang der Erft

Königsdorf - Horrem - Bergheim - Bedburg - Niederaußem - Büsdorf - Dansweiler - Brauweiler - Königsdorf

Eine der längsten, zudem mit Sehenswürdigkeiten gespickten Touren in diesem Buch führt mitten ins Zentrum des Braunkohleabbaus. So werden wir die verschiedensten Stadien eines Tagebaus ebenso wie unberührte Naturlandschaft betrachten können. Von Königsdorf geht es über den Villerücken in die Erftniederung, in der wir immer nah am Fluss bleiben, vorbei an alten Städten und Schlössern. Paradebeispiel ist das Städtchen Kaster, das wir wie einst die Reisenden vor Hunderten von Jahren durch das Erfttor betreten. Über rekultiviertes Gelände führt die Runde an einem Automuseum vorbei nach Büsdorf, weiter zur Abtei von Brauweiler und zurück nach Königsdorf.

Start und Ziel:	*Bahnhof Groß Königsdorf, alternativ Bahnhof Horrem, mit guten Verbindungen Köln-Düren-Aachen (480) S-Bahn S12*
Streckenlänge:	*57 km*
Streckenprofil:	*weitgehend flach, Steigungen hinter Königsdorf, vor Rath (Magnetberg) und in Büsdorf (Mühlenberg)*
Wegebeschaffenheit:	*überwiegend asphaltierte Wegstrecken und einige kurze Passagen auf gut befahrbaren Feldwegen*
Sehenswürdigkeiten:	*Erfttalweg, Aachener Tor in Bergheim, Zievericher Mühle, Schloss Paffendorf, Tagebau, Schloss Bedburg, Altstadt Kaster, Rekultivierungsgelände Kaster, Kraftwerk Niederaußem, Mühle Büsdorf, Glessener Höhe, Abtei Brauweiler*
Gaststätten:	*Zievericher Mühle (Bergheim), Schloss Bedburg (Bedburg), zahlreiche Straßencafés in Kaster, Eiscafés (Brauweiler), Mathildenhof (Brauweiler)*

Erft bei Quadrath Ichendorf

Die Tour auf einen Blick

Nr	km	Beschreibung
1	0	Treppe hoch und auf Parkplatz re., an *Augustinusstr.* li., re. in *Vorgebirgsstr.* und in den Wald.
2	2,5	Am Waldende geradeaus und bergab durch **Tunnel**.
3	4,5	An ***L277*** re. auf Radweg und in Horrem über 1. Ampel
4	6,0	An nächster Ampel li. und re. in *Adenauerstr.* Bis vor Wald, hier li. bis Glascontainer, dort re. in Wald.
5	8,0	Nach **Brücke** vor offenem Feld re. in Richtung Bergheim.
6	8,5	An ***L277*** re. der Kaiserroute folgend auf Radweg, nach 500 m li. und auf Kaiserroute an Erft bis Bergheim.
7	15,0	An Straße in **Bergheim** li. **(Kaiserroute)** und 100 m weiter re., dann am Ende li. und an B477 re.; über Ampel (B55) geradeaus.
8	16,0	Bald nach re. auf Kaiserroute bis zum **Angelpark**. Nach Erftbrücke li. der Kaiserroute folgend bis zur Rückseite des Schlossparks Paffendorf.
9	18,0	Abzweig **Schloss Paffendorf**; entlang der Erft auf Kaiserroute bis Bedburg.
10	21,5	über Brücke wieder auf das rechte Ufer der **Erft** wechseln, dann re. von Erft weg und vor Straße li. bis **Bedburg.**
11	23,5	**Schloss Bedburg**
12	23,5	An **Hauptstraße** re. der abknickenden Vorfahrt nach li. *(Friedhofstraße)* folgen; nach 200 m li. in *Weiherstraße* und dann schräg re. in Pappelallee (Kaiserroute). Überqueren der Erft und danach 2. Weg li. Weiter auf Kaiserroute bis nach
13	26,0	**Kaster** (durch das Stadtor). Wieder aus dem Tor und li. zum See, am See vorbei und an Kreuzung geradeaus. Dann 1. Weg nach li., über die Brücke und sofort re.
14	28,5	Auf Kaiserroute über die **Erft**, li. und zur *L116*. Die Straße kreuzen und auf dem Radweg der Straße (R18) bergan. Nach einer Abfahrt, einem Anstieg und einer weiteren Abfahrt (Radweg) kommt das Örtchen
15	34,0	**Rath** (Oldtimer-Museum). Weiter auf der *L213* auf das Kraftwerk zu.
16	36,0	Nach der Eisenbahnbrücke re. nach **Auenheim** und im Ort vor einem Kiosk li. in die *Ordensstraße*; bis *L213*.

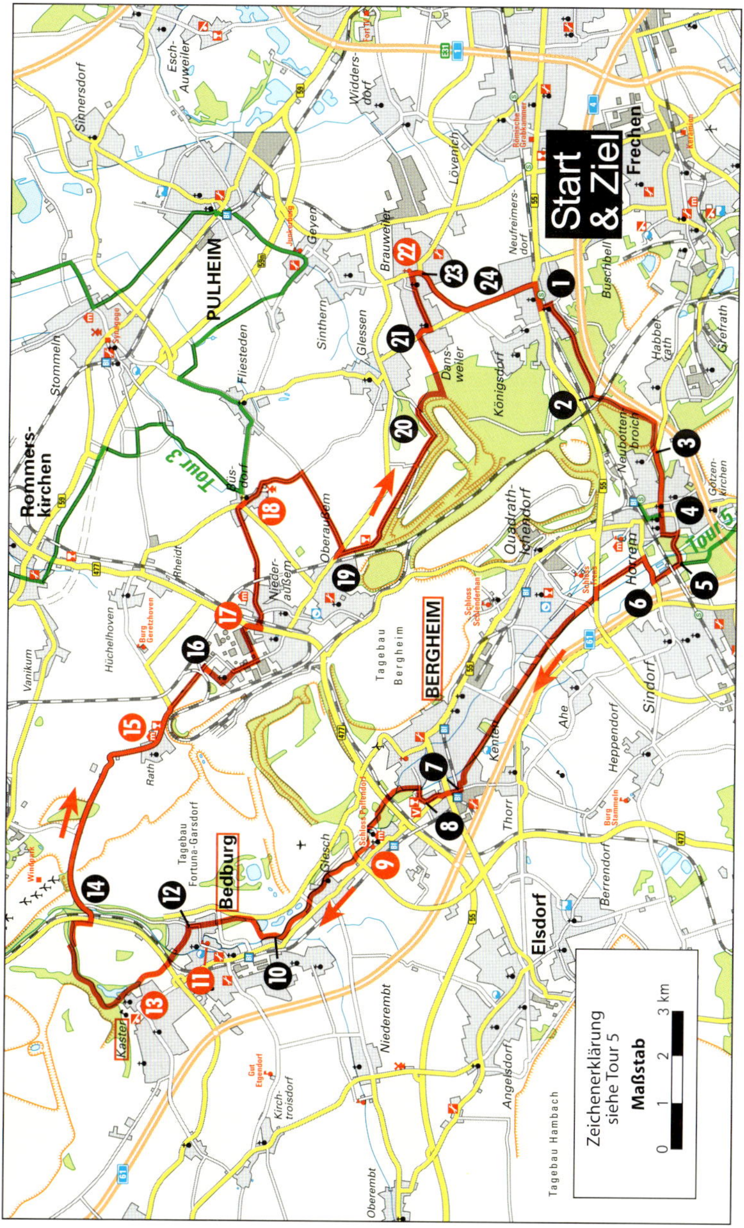
Start & Ziel
Frechen
PULHEIM
BERGHEIM
Bedburg
Elsdorf
Königsdorf
Horrem
Brauweiler
Glessen
Sinthern
Stommeln
Rommerskirchen
Sinnersdorf
Widdersdorf
Lövenich
Dansweiler
Quadrath-Ichendorf
Oberaußem
Niederaußem
Kenten
Thorr
Ahe
Sindorf
Heppendorf
Berrendorf
Angelsdorf
Niederembt
Oberembt
Kirchtroisdorf
Kaster
Rath
Glesch
Hüchelhoven
Vanikum
Rheidt
Büsdorf
Fliesteden
Geyen
Habbelrath
Grefrath
Götzenkirchen
Neubottenbroich
Buschbell
Neufreimersdorf
Tagebau Bergheim
Tagebau Fortuna-Garsdorf
Tagebau Hambach
Tour 3
Tour 5
Zeichenerklärung siehe Tour 5
Maßstab
0 1 2 3 km

17	38,0	Nach Bahngleisen hinter Kraftwerkszaun (**Kraftwerk Niederaußem**) li. in Radweg bis B477. Etwa 50 m re.; an Ampel li. in die *Asperschlagstraße* bis Büsdorf.
18	41,5	In **Büsdorf** an Vorfahrtstraße »geradeaus« auf *Windmühlenstraße* bergauf an **Windmühle** vorbei und 1. asphaltierten Abzweig re.
19	45,0	An **L91** re. auf Radweg, vor Brücke in Straße zum **Petershof** einbiegen. Am Ende des Parkplatzes halbli. auf Feldweg am Waldrand bis zum
20	49,0	Grillplatz von **Glessen**. Hier re. am Schlagbaum vorbei bis zu Treppe im Wald; li. nach Dansweiler.
21	51,5	In **Dansweiler** an Hauptstraße re. bis *Lindenplatz*, hier li. nach Brauweiler. Auf Straße bis Li.kurve. Hier geradeaus in Einbahnstraße. An deren Ende re. und sofort wieder li. Vorbei an Geschäften bis zur
22	53,0	**Abtei** von **Brauweiler.**
23	53,0	Bergab und in Li.kurve re. in die *Bernhardstraße.*
24	54,5	An Ampel auf dem Feld li. und in **Königsdorf** re. auf die *B55 Aachener Str. und zum*
1	56,5	**Bahnhof Königsdorf.**

Verknüpfungen:	*Verbindungsmöglichkeiten mit Tour 3 in Büsdorf, mit Tour 5 in Horrem und Tour 8 ebenfalls in Horrem.*
Karten:	*ADFC-Regionalkarte Köln/Bonn 1 : 75.000 (Bielefelder Verlag), ADFC-Radtourenkarte Rheinland/Eifel 1 : 150.000 Blatt 15 (Bielefelder Verlag), Radwanderkarte Erftkreis 1 : 50.000 (Landesvermessungsamt NRW)*

In Königsdorf angekommen, begeben wir uns auf die dem ehemaligen Bahnhofsgebäude 1 gegenüberliegende Seite und fahren mit den Gleisen im Rücken nach rechts leicht bergan. An der nächsten Kreuzung biegen wir links in die *Augustinusstraße* ein und nach 100 m rechts in die *Vorgebirgsstraße.* Wir folgen dieser Straße, passieren eine Schranke, nehmen den anschließenden ansteigenden Waldweg bis zu einer Kreuzung. Hier halten wir uns schräg links unter einem Baum zwischen zwei

Pfählen hindurch, fahren bergab und passieren einen kurzen **Tunnel** ❷ unter der Braunkohlebahn hindurch. Dieser Weg 2,5 km
führt nun parallel zur Autobahn bis zu einem Waldparkplatz. Wir folgen dem sich nach links wendenden Weg weiter und treffen auf die Straße von Frechen nach Horrem ***(L277)*** ❸, hier rechts 4,5 km
in Richtung Horrem.

An der Ampelkreuzung in Horrem halten wir uns geradeaus und kommen an eine T-Kreuzung gegenüber der Kirche. Hier fahren wir nach links versetzt geradeaus weiter die *Adenauerstraße* ❹ 6 km
hinunter. Weiter geht es geradeaus und vor dem Wald links. An den Glascontainern biegen wir rechts in den Wald ein und bleiben auf dem Weg, der nachfolgend mehrere Arme der Erft überquert. Wir fahren als Letztes über die Große Erft und nach 8 km
der **Brücke** ❺ rechts in Richtung Bergheim. An der ***L277*** ❻ 8,5 km
nach Sindorf wenden wir uns rechts auf dem Radweg ein Stück in Richtung Horrem, um nach 500 m links dem Radwegweiser nach Bergheim auf einen asphaltierten Feldweg zu folgen. Von hier bis Kaster ist im Wesentlichen die *Kaiserroute* zu beachten.

Der Weg am rechten Ufer der Erft biegt einmal an einer Böschung links ab, unterquert mehrere Brücken und führt über die Straße nach Quadrath-Ichendorf hinweg.

Bald gelangen wir an einen Abenteuerspielplatz, und kurz vor Bergheim folgt etwas vom Ufer der Erft entfernt ein weiterer Spielplatz, die beide nicht nur Familien mit Kindern zum Verweilen einladen.

Immer weiter den Radweg an der Erft entlang, wechseln wir in **Bergheim** auf das linke Flussufer. Direkt nach der Brücke müssen wir scharf nach rechts abbiegen, um auf dem Erftradweg zu bleiben.

Nach einem Stück auf dem Weg an der Erft führen die Wegweiser erst in eine Straße nach links ❼ und nach 100 m wieder 15 km
rechts in eine kleine Straße. An ihrem Ende hält man sich links bis zur *B477*, fährt rechts, über eine große Kreuzung (B 55) und kurz dahinter wieder rechts ab.

Wer Zeit und Lust hat für die Altstadt von **Bergheim**, fährt an der großen Kreuzung die *B55* nach rechts und durch das weithin sichtbare **Aachener Tor**: Es gehörte einst zu einer 1233 von den Grafen von Jülich erbauten Burg zur Sicherung des Erftübergangs gegen Kurköln. Anfang des 14. Jahrhunderts erhielt Bergheim aus strategischen Gründen die Stadtrechte und wuchs hinfort. Ende des

Aachener Tor in Bergheim

14. Jahrhunderts sicherte man die Stadt durch eine zusätzliche Stadtbefestigungsanlage, zu der auch das Tor gehörte. Die ehemalige Burg wurde im 30-jährigen Krieg zerstört, und Anfang des 19. Jahrhunderts wurde ihre Ruine dem Erdboden gleichgemacht. An der Stadtseite des Tores blieb eine Häuserzeile aus dem 17. bis frühen 19. Jahrhundert nahezu vollständig erhalten. In dem **Roten Haus** aus dem frühen 17. Jahrhundert befindet sich das **Heimatmuseum** des Erftkreises. Vor dem Tor weichen die alten Häuser zu einem kleinen Platz zurück. Die Hauptstraße durch das Tor war einst die einzige Straße des Straßendorfs Bergheim.

Wir biegen links ab und fahren weiter auf der Kaiserroute. Am Ende dieser Straße erneut rechts ab und durch die Pfähle an der Zieverich Mühle und am **Angelpark** ❽ vorbei geht es zuerst über einen Nebenarm der Erft und dann über die Erft selber. 16 km

Die **Zieverich Mühle** aus dem Jahre 1713 ist als eine von einst vielen Mühlen an der Erft übrig geblieben. Oft zweigte man einen Mühlengraben vom Hauptstrom der Erft ab, um eine Mühle antreiben zu können. Neben der Mühle finden wir einen Angelpark mit Gastronomie.

Unmittelbar nach der Erftbrücke biegen wir nach links in einen kleinen Weg ein, der uns am rechten Ufer der Erft entlang auf einigen Windungen und über ein paar Brücken hinweg zum Schloss Paffendorf ❾ bringt. 18 km

Erft bei Bergheim

Schloss Paffendorf ist ein neugotisches Schloss inmitten eines einzigartigen, 7,5 Hektar großen Schlossparks, in dem etwa 300 verschiedene Baumarten zu sehen sind. Umzogen von Wassergräben und Teichen mit klarem Wasser und dicken Karpfen lädt die Anlage zum Spazierengehen ein.

1230 wird die Vogtei Paffendorf erstmals urkundlich erwähnt. Nach verschiedenen adeligen Besitzern wurde die Familie von dem Bongart aus Bergerhausen (Kerpen) 1512 Besitzer des Anwesens. Erst 1800 wurde das Schloss zum Hauptsitz der Familie, und erst 1958 verkauften sie die Burg an Rheinbraun, die seit 1967 ihr Informationszentrum sowie das Zentralarchiv des Rheinischen Braunkohlenbergbaus in der Burg angesiedelt hat. Bei freiem Eintritt kann man das sehr sehenswerte **Museum** mit vielen Infos zur Braunkohle besuchen. Die heutige Bausubstanz des Schlosses stammt aus den Jahren 1531 bis 1546. Damals wurde die Burg als turm- und mauerumwehrte Wasserburg errichtet, obwohl diese Bauart bereits überholt war. Von 1861 bis 1865 erhielt der schlichte Ziegelbau eine Vielzahl an neugotischen Stilelementen vom Kölner Architekten August Lange. Das Herrenhaus steht heute auf einer »Herreninsel«, dazu gehört die hufeisenförmige Vorburganlage aus der Mitte des 18. Jahrhunderts.

Nach der ersten Brücke biegen wir links ab und folgen den Wegweisern nach Bedburg. Kurz vor Paffendorf müssen wir über ein schmales Wehr - am besten schieben - auf die linke Erftseite wechseln.

Wir unterqueren die Umgehung (L 116) von Bergheim und folgen dem linken Erftufer vorbei an Glesch bis kurz vor Bedburg.
21,5 km Hier wechseln wir wieder auf das rechte Ufer der **Erft** ⑩ und fahren später an einer T-Kreuzung nach rechts (Sandweg) auf den ehemaligen Tagebau zu. Kurz davor biegen wir links in einen asphaltierten Weg, der bis nach **Bedburg** führt.

Direkt an unserer Strecke lädt das Portal zum Park von
23,5 km **Schloss Bedburg** ⑪ ein, eine Rast einzulegen.

Ein von der Erft gespeister Teich umgibt einen der ältesten Adelssitze in der Erftniederung. Schon 893 wird »Bedbure« im Besitzverzeichnis der Abtei Prüm genannt. Seitdem hat das Anwesen viel erlebt: erst als Burg zur Sicherung des Erftübergangs, dann mehrfach weitgehende Zerstörung nach Eroberung, Belagerung und Brand. Eine Adelsfamilie aus Reifferscheid war vom 13. Jahrhundert an immerhin ein halbes Jahrtausend im Besitz der Burg, die nach mehrmaligem Wiederaufbau zum Schloss reifte. Nach 1673 wurde Schloss Bedburg kein weiteres Mal zerstört, die verschiedenen Besitzer änderten aber Details. Die Kapelle stammt aus der Mitte des 19. Jahrhunderts und wurde von Vincenz Statz im Auftrag der

Schloss Bedburg

Biergarten in Kaster

Akademie der Rheinischen Ritterschaft erbaut. Heute beherbergt das Schloss komfortable Wohnungen.

Zurück auf der Kaiserroute folgen wir der Beschilderung in
24 km Richtung Kaster. An der **Hauptstraße** ⓬ rechts ab, mit der abknickenden Vorfahrt nach links *(Friedhofstraße)* am alten Friedhof von Bedburg vorbei. Nach etwa 200 m fahren wir links in die *Weiherstraße*, bis wir schräg rechts den Wegweiser in die Pappelallee bis zu ihrem Ende folgen. Dort überqueren wir die Erft und nehmen den zweiten Weg auf der linken Seite. An einem ruhigen Arm der Erft (Mühlenerft) entlang unterqueren wir die Eisenbahn und eine Straße. Wir halten uns links an einer Schranke vorbei und sehen schon bald das alte Stadttor von
26 km **Kaster** ⓭.

Durch das **Erfttor** aus dem 16. Jahrhundert radeln wir nach Kaster hinein und fühlen uns sofort in eine andere Zeit versetzt, denn abgesehen von den wenigen Anwohnerautos, die hier parken dürfen, hat sich das alte Straßenbild erhalten. Durch einen Ratsbeschluss im Jahre 1956 wurde das mittelalterliche Städtchen Kaster am Rande des Tagebaus erhalten, während eines der mächtigsten Wasserschlösser des Rheinlands, Schloss Harff, in Morken den Baggern zum Opfer fiel. Es lag wenige hundert Meter vom Erfttor entfernt und war nur durch den so genannten »Tierpark« von Kaster getrennt.

Stadttor von Kaster

Kaster - 1148 erstmals erwähnt - geht auf eine Burg am Erft-ibergang zurück. Drumherum entstand eine Ortschaft, die be-onders rasch in der Form eines unregelmäßigen Fünfecks wuchs ınd eine Stadtmauer erhielt, nachdem die Herzöge von Jülich 339 die Stadtrechte erteilt hatten. Nach einem verheerenden rand 1624 mussten die meisten Häuser neu gebaut werden, die nittelalterlichen Straßen und Parzellen behielt man jedoch bei.

Ein Bummel bringt uns schnell zu den Ruinen der 1648 zer-törten Burg des Jülicher Amtmannes außerhalb der Stadtmauer, um Agathator im Westen (14. Jahrhundert) und zur Pfarrkirche St. eorg aus dem Jahre 1783.

Bis 1794, als die Franzosen einmarschierten, wurden von Kaster us 52 umliegende Ortschaften verwaltet. Und bis zum Zweiten Veltkrieg waren die Kasterer stolz darauf, in der zweitkleinsten tadt Deutschlands zu leben; sie wurden dann jedoch Bedburg an-egliedert.

In den vergangenen Jahren hat Kaster dank seiner fleißigen Einwohner schon des Öfteren den Wettbewerb »Unser Dorf soll schöner werden« gewonnen. Jeden Sommer findet in Kaster das weithin bekannte Altstadtfest statt.

Wieder zurück durch das Erfttor, und weiter auf dem schmalen Weg Richtung Kasterer See. Nach etwa 100 m biegen wir an einer T-Kreuzung links ab, fahren vorbei am See und an der Kreuzung hinter dem See geradeaus. Wir radeln auf den Höhenzug zu. Den ersten Weg links, über eine Holzbrücke und hinter der Brücke rechts.

Wir folgen dem Weg unterhalb der Kasterer Höhe - einer re-
kultivierten Aufschüttung - in Richtung Rath. Nachdem wir ein
Stück an einem Golfplatz entlang geradelt sind, kreuzen wir er-
28,5 km neut die **Mühlenerft** ⓮ und biegen hinter der Brücke sofort wie-
der links ab. Kurz vor der *L116* macht der Weg eine Rechtsbie-
gung und führt nach kurzer Zeit an eine Kreuzung mit der Land-
straße.

Wir kreuzen hier und fahren dem *R18* nach in Richtung Pulheim.
Auf der breiten Straße benutzen wir den Radweg und mühen uns
den so genannten Magnetberg hinauf. Seine Steigung ist kaum
sichtbar, aber an der Geschwindigkeit stellt man fest, dass es
mächtig bergauf geht. Zur Rechten hat man einen grandiosen
Blick auf den rekultivierten Tagebau Fortuna-Garsdorf. Weiter auf
der Straße *(L213)* benutzen wir nach einer scharfen Rechtskurve
34 km den hier beginnenden Radweg nach **Rath** ⓯.

In Rath kann man an Wochenenden das **Oldtimer-Museum**, am Ortsausgang links (Wegweiser), besichtigen.

Wir folgen der *L213* weiter. Genau vor uns befindet sich nun
das zwar nicht schöne, aber dafür sehr imposante Kraftwerk
Fortuna von Niederaußem. Nach der Unterquerung der Eisen-
36 km bahn biegen wir rechts nach **Auenheim** ⓰ – im Schatten des
Kraftwerks liegend – ab. Im Ort vor einem Kiosk links in die *Or-
densstraße*, kommen wir bald wieder auf die *L213*. Auch hier be-
nutzen wir den Radweg auf der rechten Seite. Nach der Über-
querung der Bahngleise, die aus dem Kraftwerksgelände her-
ausführen, biegen wir hinter dem Kraftwerkszaun links in einen
38 km Radweg ein, der uns am **Kraftwerk** ⓱ vorbei zur B 477 führt.
Hier fahren wir etwa 50 m weit rechts auf der *B477* und dann an

einer Ampel links in die *Asperschlagstraße*, die uns nach einer Unterführung ohne viel Autoverkehr nach **Büsdorf** bringt.
Hier treffen wir auf die Tour 3.
In **Büsdorf** fahren wir an der T-Kreuzung »geradeaus« auf der *Windmühlenstraße* weiter und an der abknickenden Vorfahrt halb links an der Kirche vorbei bergan in Richtung **Mühle** (18). 41,5 km

Büsdorf wurde 927 erstmals erwähnt und gilt deshalb als ältester Stadtteil Bergheims. Auf dem Mühlenberg überragt die aus dem Jahre 1847 stammende Windmühle den Ort. Schon 1583 ist die Existenz einer Mühle aus Holz verbürgt. Die heutige, malerische Kappenwindmühle tat bis 1928 ihren Dienst, hat aber keine Flügel mehr.

Wir folgen der Straße in Richtung Glessen und nehmen auf freiem Feld den ersten asphaltierten Abzweig nach rechts. Dieser Weg führt über einige Geländewellen nach Oberaußem.

An der ***L91*** (19) angekommen fahren wir rechts auf dem Radweg etwa 200 m, überqueren dann die Landstraße noch vor der Brücke und biegen in die Straße zum Petershof ein. Ein Stück weiter überqueren wir einen Parkplatz am Waldrand und schlagen links den asphaltierten Weg am Waldrand entlang ein. Wir radeln nun am Fuß der Glessener Höhe entlang in Richtung Glessen. 45 km

Vor dem Grillplatz von **Glessen** (20), am Schlagbaum vorbei biegen wir nach rechts in den Wald ein. Wir folgen nun diesem Waldweg, bis wir nach etwa 500 m an den Fuß einer Treppe kommen, biegen nach links ab, fahren in Richtung Waldrand und dort geradeaus weiter nach Dansweiler hinunter. 49 km

Dansweiler ist das Reiterzentrum im Westen von Köln, denn hier befinden sich zahlreiche Reiterhöfe. Bei dem Wettbewerb »Unser Dorf soll schöner werden« hat auch Dansweiler bereits mehrere Male sehr gut abgeschnitten.

An der Kreisstraße biegen wir rechts ab und fahren auf dieser bis zum *Lindenplatz* von **Dansweiler** (21), an dem wir links nach Brauweiler abbiegen. Wir folgen nun dieser Straße *(Kaiser-Otto-Straße)* durch Dansweiler nach **Brauweiler** und fahren in der Linkskurve geradeaus in die Einbahnstraße (für Radler frei) hinein. Am Ende der Einbahnstraße biegen wir kurz nach rechts ab 51,5 km

und sofort wieder nach links. Vorbei an den Geschäften erreichen wir die Hauptstraße. Schräg gegenüber befindet sich bereits die
53 km **Abtei** (22).

Wir haben den Turm der **Brauweiler Abtei** schon lange als Orien tierungspunkt vor uns gehabt, so wie die Menschen früher auch Die ehemalige Benediktinerabtei St. Nikolaus zählt zu den weniger erhaltenen Klosteranlagen im Rheinland. Sie war 780 Jahre lang ein geistiger und kulturell-religiöser Mittelpunkt des Kölner Umland und ist ein Wahrzeichen geblieben.

Hervorgegangen ist die Abtei aus einer Gründung der lothrin gischen Pfalzgrafenfamilie im 11. Jahrhundert, hatte hier jedoch zwei Vorgängerbauten von kurz vor und nach der Jahrtausend wende. 1048 bis 1061 errichtet, wurde die Kirche im 12. Jahrhun dert bereits zum dritten Mal umgebaut. Der hohe Westturm stammt aus dem Jahr 1135, die drei östlichen Türme wurden 121 begonnen und erst im 19. Jahrhundert vollendet. Ungewöhnlich sind die Säulen und Pfeiler der Kirche, denn die zweifarbige Be malung folgt nicht den Fugen der Steine. Die Ausstattung durch di verschiedenen Epochen ist reich. Besonders der heilige Nikolaus er scheint in verschiedenen Skulpturen und Reliefs, auch als Holzfigu aus dem Jahr 1070 auf dem nördlichen Seitenaltar. Und in einem kleinen, am Hauptaltar angebrachten Reliquienkasten befindet sich ein Fingerknochen, der von Nikolaus stammen soll.

Die Gebäude an der Südseite der Kirche wurden von 1780 bi 1784 um drei Höfe herum erbaut. Heute erstrahlen sie mit de prächtigen Straßenfassade wieder in neuem Glanz. Zur Abte gehört ferner das Klostergebäude, von dem nur der Ostflügel de Kreuzgangs sowie der zweischiffige Kapitelsaal erhalten sind.

Nach der Säkularisierung (1803) wurden die Gebäude des Klos ters anders als ursprünglich geplant verwendet: Neben einer Bett leranstalt fanden ein Besserungsheim, ein Gefängnis, eine Arbeits anstalt, ein Konzentrationslager und die psychiatrische Landesklini in den Gebäuden eine Bleibe. Nach der Schließung des Landes krankenhauses im Jahre 1978 zog der Landschaftsverband Rhein land mit verschiedenen Institutionen in die Gebäude ein, dies je doch erst nach umfangreichen Restaurationen.

Nach der Besichtigung der Abtei und des Abteiparks fahren wir die Straße vor der Abtei nach rechts, halten uns in der Kurve vor einer Geschäftspassage rechts und biegen in die *Bern-*

Abtei Brauweiler

hardstraße ㉓ ein: sie führt uns in Richtung Königsdorf. Am Ortsausgang nehmen wir den Radweg auf der linken Seite und bleiben auf ihm bis nach **Groß Königsdorf** ㉔. Am Kreisverkehr(T-Kreuzung) biegen wir rechts auf die *Aachener Straße* ab und fahren nach etwa 300 m links zum **Bahnhof Groß Königsdorf** ❶.

53 km

54,5 km

56,5 km

Tour de Erft

Horrem - Erftstadt - Türnich - Liblar - Weilerswist - Groß-Vernich - Hausweiler - Lommersum - Euskirchen

Die »Tour de Erft« folgt dem Flusslauf aufwärts von Horrem bis nach Euskirchen. Dabei geht es zunächst immer entlang der Ville, bis die Erft bei Weilerswist in Richtung Eifel abknickt. An der Route liegen zahlreiche Burgen und Schlösser und so manches unbekannte Naturkleinod. Wir fahren über Türnich, Liblar, Weilerswist und Lommersum bis in die Innenstadt von Euskirchen und sehen dabei, wie die Erft immer schmaler und das Wasser immer klarer wird.

Start:	*Bahnhof Horrem (480)*
Ziel:	*Bahnhof Euskirchen (474)*
Streckenlänge:	*38 km*
Streckenprofil:	*flach, ohne Steigungen*
Wegebeschaffenheit:	*überwiegend asphaltierte Wege, meistens Wirtschaftswege, ab Weilerswist vorwiegend nicht asphaltierte Wege*
Sehenswürdigkeiten:	*Aussichtspunkt Tagebau Frechen, Schloss Türnich, Schloss Gymnich, Burg Blessem, Schloss Gracht (Liblar), Burg Kühlseggen*
Gaststätten:	*in Horrem, Liblar und Euskirchen*
Verknüpfungen:	*in Horrem mit den Touren 4 und 8 und in Weilerswist mit der Tour 6*
Karten:	*ADFC-Regionalkarte Köln/Bonn 1 : 75.000 (Bielefelder Verlag), ADFC-Radtourenkarte Rheinland/Eifel 1 : 150.000 Blatt 15 (Bielefelder Verlag), Radwanderkarte Erftkreis 1 : 50.000 (Landesvermessungsamt NRW)*

Schloss Gracht in Liblar

Die Tour auf einen Blick

Nr	km	Beschreibung
1	0	Vom **Bahnhof Horrem** re., an Ampel li. und hinter Kirche re. in *Adenauerstr.*; bis zum Waldrand, hier li. bis Glascontainer, hier re. in Wald und über die Arme der Erft bis zum
2	2,5	**Waldrand**. Hier li. und den Radwegweisern bis zu großer Brücke über Erft folgen, hier li. und nach Koppel re.
3	5,5	Vor *L162* re. und kurz vor Brücke Straße überqueren; weiter an Erft. Hier Abzweig **Tagebau**.
4	8,5	Abzweig **Schloss Türnich**
5	11,5	Nach Überquerung von 2. Straße über Holzbrücke (**Liblarer Mühlengraben**) und weiter an Erft
6	17,0	Abzweig **Schloss Gracht** (Liblar). Auf Asphalt Erft re. überqueren und sofort wieder li.
7	21,0	Hinter **Bliesheim** die *A553* unterqueren und nach Brühl, vorbei an Mündung des **Swistbaches**.
8	22,0	Vorbei an **Burg Kühlseggen** und re. hoch zur L163. Hier li.
9	23,0	An nächster Kreuzung auf freiem Feld (re. Friedhof) li. nach **Weilerswist**.
10	23,5	Nach Überquerung der **Erft** sofort re.. Bei kleinem Wehr an einer Brücke li. und sofort wieder scharf re. an der Erft entlang.
11	26,0	Auf der Straße *(K3)* zwischen Groß- und Klein-Vernich nach li., entgegen der Richtung der Radwegweiser nach Euskirchen. In **Groß-Vernich** in Li.kurve re. in *Tomberger Straße* und hinter dem Begrenzungspfahl die erste Möglichkeit nach li. bergan bis auf *Trierer Str.*
12	27,0	Hier re., 1.Feldweg li.; über die **Bahn** und dahinter re. parallel zur Bahnlinie Richtung Hausweiler.
13	29,0	Nächsten Weg re. über Bahn nach **Hausweiler**. An Hauptstraße gleich wieder re. und die nächste Straße nach li. *(Kapellenstr.)*. Zur Erft hinunter, über die Brücke weg und hinter der Erft gleich li. Entlang Pappelallee
14	30,5	nach **Lommersum**. Li. vom Dorf halten bis zur *L181*. Hier li. und vor Erft asphaltierten Weg zur Rechten bis zur nächsten Kreuzung.
15	32,0	Hier **Wegweisern** nach Euskirchen folgend li. und hinter

Brücke sofort re.

(16) 36,0 In **Euskirchen** auf Lindenallee an Reitplatz vorbei an große Straße (Erftbrücke der B56). Hier re. über Brücke. Nach 500 m schräg nach li. in *Oststraße* (Richtung Bürgerhaus) bis

(17) 38,0 **Bahnhof Euskirchen.**

Wir verlassen den **Bahnhof Horrem** (1) auf der Straße nach rechts bergab. An der Ampel biegen wir nach links in die Geschäftsstraße von Horrem ab. An der nächsten Ampel biegen wir rechts in die *Adenauerstraße* ein, der wir bis zum Waldrand folgen. Hier geht es links, immer am Waldrand entlang, am Ende dieser Straße vor den Altglascontainern nach rechts in den Wald. Wir überqueren nun mehrere Nebenarme der Erft, bis wir an der anderen Seite des Waldes an den **Waldrand** (2) kommen. 2,5 km
Dort fahren wir flussaufwärts weiter. Nach einem kurzen Wegstück müssen wir uns links halten (Wegweiser) und dürfen nicht der asphaltierten Sackgasse geradeaus folgen. Bald erreichen wir den Hauptarm der Erft und fahren ein ganzes Stück am Ufer entlang, bevor wir an der nächsten Brücke die Seite wechseln und uns für eine kurze Passage vom Fluss entfernen. Der Weg führt nun hinter der Pferdekoppel rechts weiter (Fahrradwegweiser in Richtung Erftstadt, Kerpen).

Das Waldgebiet, durch das wir soeben geradelt sind, nennt sich **Parrig**, ein letztes Stück nahezu urwaldartiger Auwald, wie er früher weite Flächen an der Erft einnahm. Dominierende Bäume sind Eiche, Ulme und Esche. Die Grundwasserabsenkungen durch die Tagebaue haben auch dem Parrig übel zugesetzt, und die dichte Unterholzvegetation ist weitgehend verschwunden. Der Parrig weist eine vielfältige Vogelwelt auf, zu der auch die Nachtigall gehört. Während ihrer Zugzeiten kann man hier gelegentlich sogar Kraniche übernachten sehen.

Nach einem guten Stück trifft der Weg auf die Straße nach Kerpen. Hier können wir zunächst nach links fahren und einen Blick in den **Tagebau Frechen** (3) werfen. 5,5 km

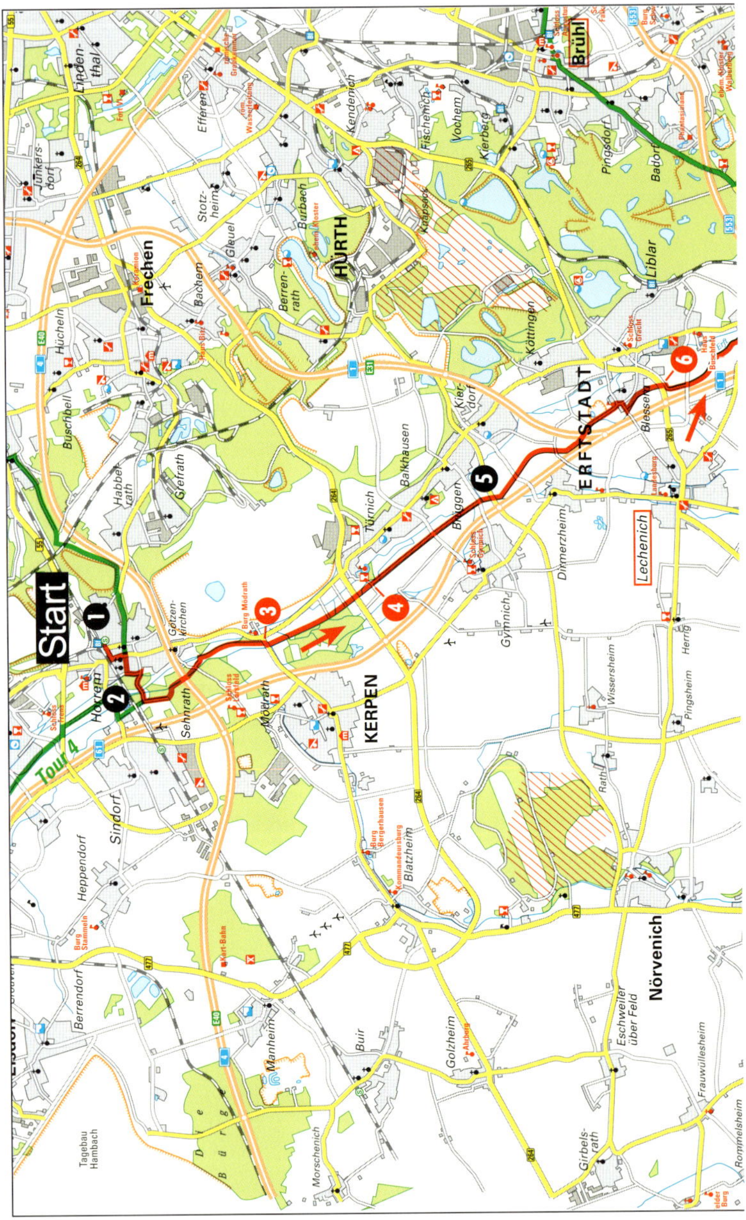
Start
Horrem
Sindorf
Sehnrath
Götzen-kirchen
Burg Modrath
Modrath
KERPEN
Türnich
Brüggen
Balkhausen
Kierdorf
ERFTSTADT
Blessem
Köttingen
Liblar
Lechenich
Frechen
HÜRTH
Brühl
Gymnich
Dirmerzheim
Nörvenich
Blatzheim
Golzheim
Buir
Manheim
Heppendorf
Berrendorf
Tagebau Hambach
Tour 4
Buschbell
Habbelrath
Grefrath
Bachem
Gleuel
Berrenrath
Burbach
Stotzheim
Efferen
Kendenich
Fischenich
Vochem
Kierberg
Knapsack
Pingsdorf
Badorf
Junkersdorf
Lindenthal
Hücheln
Wissersheim
Pingsheim
Herrig
Rath
Eschweiler über Feld
Frauwüllesheim
Girbelsrath
Rommelsheim
Morschenich
Schloss Gracht
Schloss Türnich
Schloss Loersfeld
Kommandeursburg
Burg Bergerhausen
Burg Stammeln
Kart-Bahn

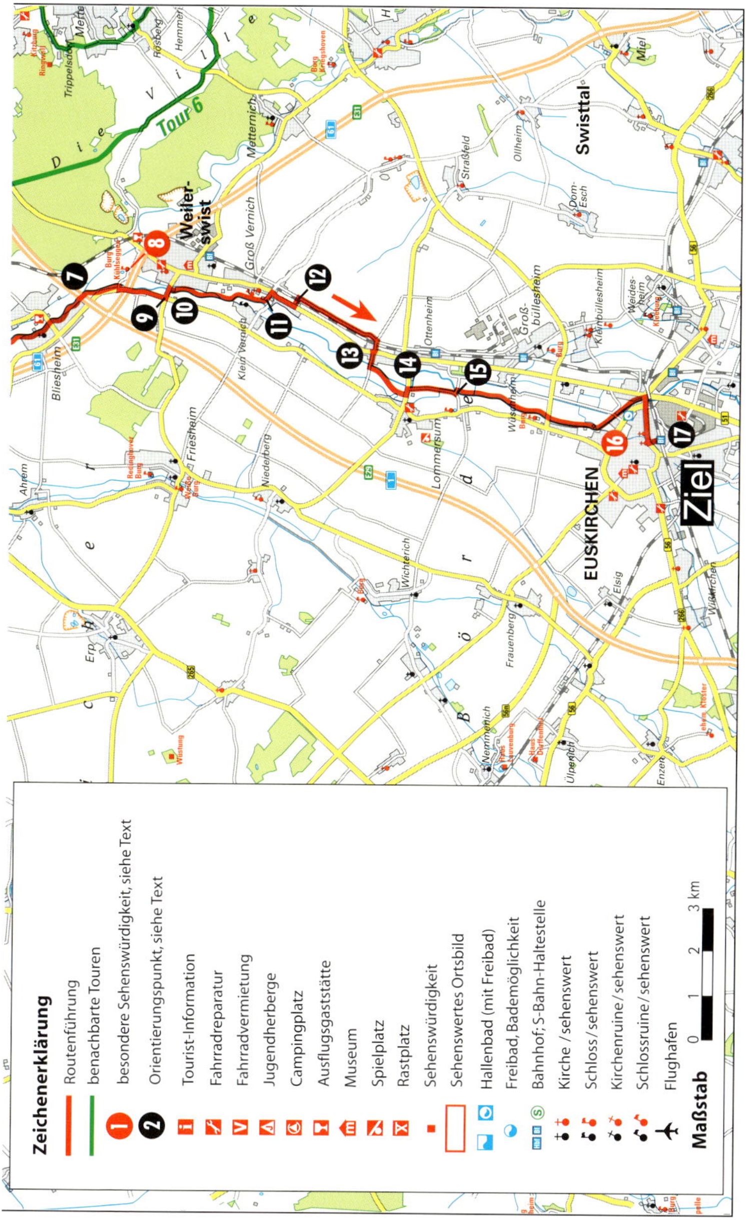
Zeichenerklärung
Routenführung
benachbarte Touren
besondere Sehenswürdigkeit, siehe Text
Orientierungspunkt, siehe Text
Tourist-Information
Fahrradreparatur
Fahrradvermietung
Jugendherberge
Campingplatz
Ausflugsgaststätte
Museum
Spielplatz
Rastplatz
Sehenswürdigkeit
Sehenswertes Ortsbild
Hallenbad (mit Freibad)
Freibad, Bademöglichkeit
Bahnhof; S-Bahn-Haltestelle
Kirche / sehenswert
Schloss / sehenswert
Kirchenruine / sehenswert
Schlossruine / sehenswert
Flughafen
Maßstab
0 1 2 3 km
Weilerswist
Swisttal
EUSKIRCHEN
Ziel
Tour 6
Die Ville
Zülpicher Börde

An der Ampel fahren wir geradeaus in den Wald hinein, der schon nach 100 m wieder endet. Der **Aussichtspunkt des Tagebaus Frechen** ermöglicht einen grandiosen Blick über den ehemaligen Tagebau. Genau an dieser Stelle lag das Dorf Alt Mödrath, und die *B264* von Köln nach Düren führte hier vorbei, bevor die Bagger ihre Arbeit begannen. Der Tagebau Frechen war der erste Großtagebau, in dem eine neue Fördertechnik angewandt wurde: mit großen Absetzern, wie sie heute noch zu beobachten sind, anstatt Kettenbaggern und Lorenbahn. Der Ende der 80er Jahre ausgekohlte Tagebau wird inzwischen rekultiviert und soll in naher Zukunft als Erholungsgebiet dienen. Hier ist auch der Papsthügel des Besuchs von Papst Benedikt aus dem Jahr 2005 zu sehen.

Wer sofort weiterfahren möchte, fährt rechts und überquert die Straße kurz vor der Erftbrücke. Weiter geht es dann links der Erft auf einem schönen asphaltierten Radweg in Richtung Erftstadt.

Der Vegetation des Parrigs sehr ähnlich ist die des seit 1965 unter Naturschutz stehenden **Kerpener Bruchs**, der nun zu unserer Rechten jenseits der Erft liegt. Die früher im Bruch vorhandenen Quellmulden liegen heute trocken, und vom ursprünglichen Bruchwaldcharakter ist aufgrund der Wasserregulierung der Erft nichts mehr übrig geblieben. Im Kerpener Bruch wurden wie im Parrig über 100 Vogelarten beobachtet.

Nach Unterquerung der Schnellstraße biegt links ein Weg
8,5 km zum **Schloss Türnich** ❹ ab, das man sich unbedingt ansehen sollte. Auch zum Freibad Türnich kommen wir an diesem Abzweig.

Das **Wasserschloss Türnich** ist von einem wunderschönen, verwilderten Park umgeben, der unter Naturschutz steht. Er ist 7 ha groß, wurde 1860 bis 1880 als Landschaftspark angelegt - völlig von barocker Geometrie unterschieden - und soll die Natur in künstlich geschaffenen Szenarien widerspiegeln: mit riesigen Bäumen und einer großen Artenvielfalt. Wir können über eine 111 Linden zählende Allee in das Gelände gelangen.

Die fast 1000 Jahre alten Überreste eines ersten Schlosses sind wohl in dem Rundhügel an der nördlichen Zufahrt verborgen. Das heutige Herrenhaus wurde im Spätbarock 1757 bis 1766 nach dem Vorbild des Brühler Jagdschlosses Falkenlust erbaut, wahrscheinlich nach Entwürfen des Kölner Hofarchitekten Michael Leveilly. Die reiche Rokoko-Innenausstattung bleibt indes verborgen, da das Anwesen seit 1850 im Privatbesitz der Grafen von und zu Hoensbroech ist. Die Schlosskapelle St. Michael, 1893 bis 1895 von Heinrich Krings errichtet, kann jedoch besichtigt werden; aufgrund schwachen Lichteinfalls wirkt sie allerdings etwas schwermütig.

Mit oder ohne Schlossbesichtigung geht es links der Erft weiter flussaufwärts. Wir überqueren einige Wirtschaftswege, können von ihren Brücken einen Blick in die **Erft** werfen, die von hier an aufwärts zunehmend klarer wird.

Die Wasserqualität des Flusses unterhalb Türnich ist sichtbar schlechter, denn dort wird das Oberflächenwasser aus dem Tagebau eingeleitet. Doch jetzt entlang unserer Strecke Richtung Süden wird das besser, und wir können mit ein wenig Glück Fische wie Forellen und Äschen im Wasser beobachten. Zu ruhigen Zeiten unter der Woche stehen an den Staustufen Graureiher regungslos am Ufer. Und vielleicht können Sie sogar einmal einen Eisvogel beim Fischen erspähen.

Vorsicht bei der Überquerung der Straße nach Gymnich. Vorbei geht es an einem großen Stauwehr der Erft und danach erneut über eine etwas größere Straße, die wiederum nach Gymnich führt. Wir fahren weiter entlang der Erft und überqueren dazu den **Liblarer Mühlengraben** ❺ mittels einer 11,5 km
Holzbrücke. Hier befindet sich auf der Ecke zwischen Erft und Mühlengraben ein Rastplatz für Radfahrer.

Das ehemalige Gästehaus der Bundesregierung **Schloss Gymnich** – etwa 1 km von unserer Route entfernt – ist heute im Besitz der Kelly Family. Das Schloss liegt hinter hohen Zäunen teilweise vom Park verdeckt. (Gastronomie im Schlosspark)

Wir können von weitem schon die für unsere Region absolut untypische Zwiebelhaube der Gymnicher Kirche **St. Kunibert** (1759) erkennen. Eine weitere Attraktion ist der alljährlich an Christi Himmelfahrt stattfindende **Gymnicher Ritt**, eine Prozession, an der über 300 Reiter und mehrere tausend Fußpilger teilnehmen.

Erft bei Gymnich

14 km Wir radeln weiter an der Erft entlang, überqueren einige Wege und unterqueren bald die Autobahn A 1. Vorbei geht es an Erftstadt-Blessem.

Wer möchte, kann noch einen Blick auf **Burg Blessem** werfen, die heute als Mehrfamilienhaus dient und somit nur von außen zu bewundern ist. In ihr vereinigt sich eine ganze Reihe von verschiedenen Baustilen. Die nun trockenen Gräben lassen auf eine ehemals zweiteilige Hofanlage mit Park schließen. Das heutige Wohnhaus wird wohl ein Flügel der Vorburg gewesen sein. Das Herrenhaus soll auf einer Insel nordöstlich des Hofes gestanden haben.

Die Quellen datieren diese Burg auf das Jahr 1371 zurück, in dem ein Ludevicus von Biedisheim die Burg Blessem zu Lehen erhielt. Einer der vielen Besitzer danach war Adam von Hambroech, der die Burg im Jahre 1611 vom Kölner Bürger Simon Bager erwarb.

17 km Ein kleiner Abstecher zu Schloss Gracht ❻ in Liblar lohnt sich: Dazu biegen wir in Blessem am Sportplatz den Wegweisern nach Liblar folgend ab und kehren über den gleichen Weg auf unsere Route zurück.

Schloss Gracht liegt im Zentrum von Liblar und ist von Wassergräben umgeben. Der Adelssitz - Burg oder Schloss - wurde im Jahre 1233 zum ersten Mal erwähnt. Erst 1657 begann der Ausbau zu einem Schloss, und nochmal über 40 Jahre später war gerade die Vorburg fertig. Gegen Ende des 17. Jahrhunderts wurde an der Ostseite des Schlosses ein Barockgarten im französischen Stil angelegt, dessen Ausmaße und Schönheit sich heute nur noch erahnen lassen. Nach zwanzigjähriger Besatzungszeit durch die Franzosen von 1794 an, die das Schloss als Lazarett benutzten, waren die Gemäuer so heruntergekommen, dass Graf Wolff Metternich sich im Jahre 1851 zu einem Neubau des Herrenhauses entschloss, in englischem Stil. Nachdem die Vorburg im Jahre 1870 abbrannte, baute man sie im darauf folgenden Jahr wieder auf.

In den 50er und 60er Jahren unseres Jahrhunderts wechselte mehrmals der Besitzer von Schloss Gracht, bis es dann 1973 vom »Verein zur Förderung des Universitätsseminars der Wirtschaft« gekauft wurde und bis heute als Fortbildungsstätte für Führungskräfte dient. Somit ist das Schloss im Gegensatz zum Schlosspark nicht der Öffentlichkeit zugänglich. Der Park steht übrigens seit 1965

Schloss Türnich

Erft bei Horrem

wegen seines Vogel-, Pflanzen- und Baumbestandes unter Natur schutz. Sehenswert ist der für unsere Breiten untypische Mam mutbaum aus Kalifornien, der hier trotz seines geringen Alter schon erstaunlich groß ist.

Wir verlassen den Schotterweg, überqueren die Erft nach rechts und biegen hinter der Brücke wieder nach links ab. Wir fahren nun rechts der Erft.

21 km Hinter **Bliesheim** ❼ unterqueren wir die A 553 nach Brühl und fahren vorbei an der Mündung des Swistbaches in die Erft.
22 km Nun passiert der Weg **Burg Kühlseggen** ❽ und biegt rechts hoch zur Kreisstraße 11, auf der wir nach links abbiegen. An der nächsten Kreuzung auf freiem Feld (rechts Friedhof) biegen wir
23 km links nach **Weilerswist** ❾ ab.

Burg Kühlseggen liegt auf einem künstlichen Hügel zwischen Erf und Swistbach. Zunächst stand auf ihm eine zweiteilige Wasserburg aus dem 15./16. Jahrhundert. Im 17. Jahrhundert wurde die heu tige Burg erbaut, ihre Vorburg und Mühle dann im 18. Jahrhundert Leider ist auch diese Burg, wie so viele andere, nur von außen zu besichtigen.

Nach Überquerung der **Erft** ⑩ am Ortseingang von Weilerwist führt der Weg direkt hinter der Brücke auf der linken Seite der Erft weiter. Achtung, hier steht kein Wegweiser! - Bei einem kleinen Wehr an einer Brücke biegen wir links und sofort wieder scharf rechts ab und fahren weiter auf dem in unserer Fahrtrichtung linken Erftufer in Richtung Euskirchen. Die Wege sind nun nicht mehr asphaltiert, aber gut. 23,5 km

ier oberhalb von Erftstadt handelt es sich um die »wirkliche« **Erft** nd nicht wie bei Horrem und Bergheim um einen Fluss, der zu zwei)ritteln aus Sümpfungswassern des Rheinbraun-Bergbaus besteht. ufgrund der Auskohlung einiger Tagebaue und des sinkenden Grundwasserspiegels in der Region nimmt die Menge des durch heinbraun zugeführten Wassers ständig ab. Während in den 70er ahren noch etwa 900 Millionen Kubikmeter Wasser über die Erft in len Rhein flossen, sind es zur Zeit nur noch etwa 200 Millionen Kuɔikmeter. Wenn das Rheinbraun-Wasser spätestens nach dem Jahr 045 wegfällt, wird die Erft auf ein Drittel der jetzigen Größe chrumpfen. Zumindest von Türnich abwärts wird dann ein Rinnsal n einem viel zu großen Flussbett fließen. Problematisch wird damit icherlich die Abwasserbelastung der Erft bei Niedrigwasserständen n Sommer. Aber schließlich war die Erft früher auch nur ein kleines lüsschen und wird es in Zukunft wohl auch wieder sein.

Wir erreichen eine Straße zwischen Groß- und Klein-Vernich und fahren hier nach links, entgegen der Richtung der Radwegweiser nach Euskirchen.

In **Groß-Vernich** ⑪ biegen wir in der Linkskurve nach rechts in die *Tomberger Straße* ab und folgen dieser aus dem Ort hinaus. Hinter dem Begrenzungspfahl auf dem Weg nehmen wir die erste Möglichkeit nach links und fahren bergan bis auf die Hauptstraße *(Trierer Straße)*. Hier biegen wir rechts ab und nehmen den ersten Feldweg auf der linken Seite, folgen diesem über die **Bahn** ⑫ und biegen dahinter nach rechts ab. Nun geht es hinunter und weiter parallel zur Bahnlinie in Richtung Hausweiler. 26 km 27 km

Wir biegen den nächsten Weg nach rechts über die Bahn ab und kommen nach **Hausweiler** ⑬ , wo wir an der Hauptstraße gleich wieder rechts abbiegen und die nächste Straße nach links einschlagen *(Kapellenstraße)*. Es geht zur Erft hinunter, über die Brücke weg und hinter der Erft gleich links. 29 km

Erftaufwärts entfernen wir uns bald wieder von ihr und kommen entlang einer Pappelallee nach
30,5 km **Lommersum** ⓮ . Wir halten uns links vom Dorf und kommen in eine Wohnsiedlung und schließlich an die L 181. Hier biegen wir nach links ab und nehmen vor der Erft den geteerten Weg zur Rechten, dem wir bis zur nächsten Kreuzung fol-
32 km gen. Hier den **Wegweisern** ⓯ nach Euskirchen folgend nach links und hinter der Brücke sofort wieder rechts.

Es geht nun weiter links der Erft, und nach der Überquerung von einigen Straßen kommen
36 km wir nach **Euskirchen** ⓰ . Auf einer Lindenallee gelangen wir an einem Reitplatz vorbei auf eine große Straße (Erftbrücke der B 56), wo wir nach rechts über die Brücke fahren.

Nach etwa 500 m auf dieser stark befahrenen Straße biegen wir schräg nach links in die Oststraße ab (Richtung Bürgerhaus), die uns direkt
38 km zum **Bahnhof** ⓱ führt.

Euskirchen kann wie so viele andere rheinische Städte auf eine lange Geschichte zurückschauen, denn schon 1302 erhielt der Ort die Stadtrechte von Walram VIII. von Monschau-Falkenburg. Damit ging der Bau einer Stadtbefestigung durch die Grafen von Jülich im Jahre 1355 einher. Diese Stadtmauer war vonnöten, denn man musste sich gegen die allzu aufdringlichen Kurkölner Städte Zülpich und Le chenich sowie gegen den Erzbischof selber verteidigen. Gege Ende des 15. Jahrhunderts war Euskirchen eine der Jülicher Resi denzen.

Aber bereits im 7. Jahrhundert gab es an gleicher Stelle ein Frankensiedlung mit dem Namen »Augstchirche«; aus diesen Namen entwickelte sich der heutige Name Euskirchen. Und davo lebten schon Römer und Kelten an der Erft.

Von der alten ringförmigen Stadtmauer sind nur noch Relikt und einige Türme erhalten. Besonders während des Zweiten Welt kriegs wurde Euskirchen ebenso wie Düren fast völlig zerstört. Nu wenig alte Bausubstanz blieb erhalten.

Marktplatz Euskirchen

Sehenswert ist die Martinskirche aus der zweiten Hälfte des 14. ahrhunderts mit ihrem hohen Turm. Zu Füßen des Turms erstreckt ich das historische Zentrum von Euskirchen. Am Alten Markt steht las historische Rathaus mit Loggia und seinem auffälligen Turm. Das achwerkhaus Haus Clev und der Brunnen davor stellen eines der venigen Relikte des alten Stadtkerns dar, der vorwiegend aus sol-:hen Gebäuden bestand. Der Brunnen mit der Darstellung eines Vebers und eines Gerbers sowie einer Gemüsebäuerin zeigt, vomit die Bevölkerung früher in Euskirchen ihren Lebensunterhalt estritt. So gibt es denn auch noch eine Gerberstraße.

Aussicht auf Schlösser und Rhein

Brühl - Ville - Röhsberg - Sechtem - Brühl

Bei dieser Tour südwestlich von Köln kann man an vielen Stellen auf die Spuren der einst aus Köln vertriebenen Kurfürsten stoßen. Wir beginnen die Tour am Schloss Augustusburg mit seinen weitläufigen Parkanlagen, erklimmen von hier das Hochplateau der Ville. Über Brenig geht es entlang der östlichen Kante der Ville mit ihren traumhaften Aussichten wieder in Richtung Brühl zurück. Doch kurz vor Brühl fahren wir die Abfahrt zur Rheinebene hinunter und radeln durch den Gemüsegarten des Rheinlands vorbei am Entenfang zum Schloss Falkenlust, von wo aus wir bald wieder an den Ausgangspunkt unserer Reise zu Natur und Kultur gelangen.

Start und Ziel:	*Bahnhof Brühl (470)*
Streckenlänge:	*43 km*
Streckenprofil:	*Zweimal die Höhe des Vorgebirges erklimmen. Die übrige Strecke ist flach, aber Vorsicht auf den steilen Abfahrten!*
Wegebeschaffenheit:	*bis auf zwei Passagen überwiegend asphaltierte Strecken, meistens auf Wirtschaftswegen*
Sehenswürdigkeiten:	*Schloss Augustusburg, Phantasialand, in Sechtem Graue Burg und Weiße Burg, Naturschutzgebiet Entenfang, Schloss Falkenlust*
Gaststätten:	*»Kaiserbahnhof« (Brühl), »Pfannkuchenhaus Birkhof« (Brühl), »Biergarten zur Heide« (Mertener Heide)*
Verknüpfungen:	*im Westen (Weilerswist) mit Tour 5 nach Euskirchen und bei Wesseling mit Tour 7 nach Bonn*
Karten:	*ADFC-Regionalkarte Köln/Bonn 1 : 75.000 (Bielefelder Verlag), Radwanderkarte Rhein-Sieg-Kreis 1 : 50.000 (Landesvermessungsamt NRW), ADFC-Radtourenkarte Rheinland/Eifel 1 : 150.000 Blatt 15 (Bielefelder Verlag), Radwanderkarte Erftkreis 1: 50.000 (Landesvermessungsamt NRW)*

Graue Burg in Sechtem

Die Tour auf einen Blick

Nr	Km	Beschreibung
1	0	Vom Bahnhof Brühl re. am Schloss vorbei bis zur Schlossstraße, an Kapelle vorbei und an Fußgängerzone *(Uhlstraße)*, li. bis zum Ende. Der Straße folgen, heißt später *Pingsdorfer*, und dann *Euskirchener Str.* **Brühl** bergan verlassen.
2	5,5	Am Parkplatz des **Birkhof** li. in den Wald.
3	8,0	Am **Waldausgang** in lang gezogener Li.kurve leicht bergab und re. durch Lärchenwald.
4	9,0	An **Straße** li., an nächster Kreuzung schräg re. (nicht scharf re.). Überquerung der Straße nach Heimerzheim.
5	11,5	An folgender **Straße** li. und nach 300 m in 1. asphaltier ten Feldweg re.
6	13,0	An nächster Kreuzung vor **Weide** li. und bald re.
7	13,5	Durch schmales **Waldstück**, dann re. und kurz vor Wald und Modellflugplatz li.
8	4,5	**Geradeaus**: Dazu halbli. von Fahrstraße abbiegen. Vor dem nächsten Waldstück li. entlang des Waldes.
9	15,5	An nächster **Kreuzung** re. bis zur *L182*, überqueren.
10	17,5	Ca. 200 m vor rotem **Römerhof** li. und Wegweiser *Heimatblick* folgen. Kurz danach re.
11	18,0	Vor **Wald** li., *Heimatblick* folgend.
12	20,0	In Abfahrt ersten asphaltierten Wirtschaftsweg nach li. Nach steiler Abfahrt li. nach Brenig.
13	22,0	In **Brenig** Richtung Kirchturm auf dem *Zentwinkelsweg* steil bergan zum Kirchvorplatz und zur Hauptstraße. Hier li. in *Finkelgasse* bergan bis zur *L182*. Hier re. und li. auf *Heerweg* nach **Rösberg**.
14	26,5	An Hauptstraße li. *(Weberstraße)*. Kurz darauf re. in *von-Weichs-Straße*, vorbei an Kirche und Schloss auf *Rüttersweg*. Im Ort auf *Rüttersweg* bleiben, nicht auf Vorfahrtsstraße.
15	29,0	Weiter gerade bis **Parkplatz**, hier re. und unten über *L183*.
16	31,5	bis Sechtem. Am Ortseingang re. und auf Höhe des Ortschildes nach li. in *Graue-Burg-Straße*. Kurz vor Ortsausgang li. in *Rosenweiherstraße* aus Sechtem heraus.
17	33,5	An nächster Kreuzung re., Überqueren der Bahn, am Dickopshof vorbei bis **Keldenich**.

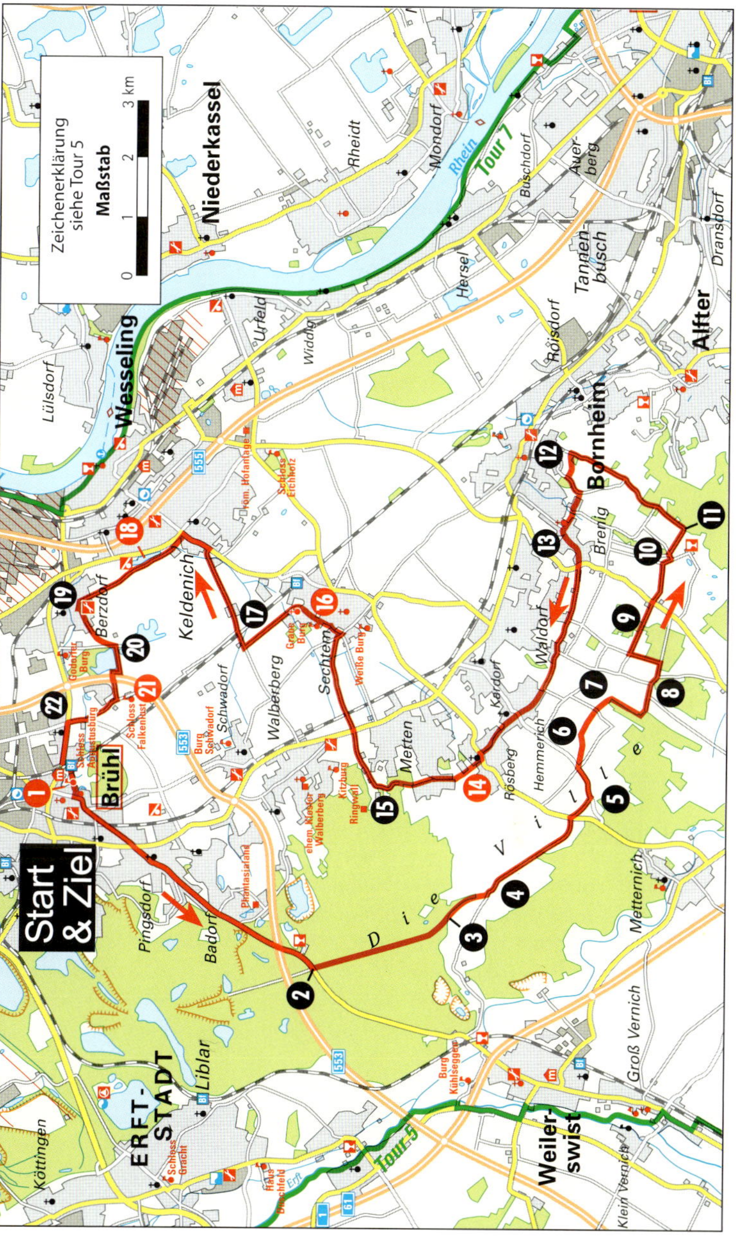

Zeichenerklärung siehe Tour 5
Maßstab
0 1 2 3 km
Start & Ziel
Brühl
Wesseling
Niederkassel
Bornheim
Alfter
Weiler-swist
ERFT-STADT
Liblar
Köttingen
Lülsdorf
Urfeld
Widdig
Rheidt
Mondorf
Rhein
Tour 7
Tour 5
Hersel
Buschdorf
Auer-berg
Tannen-busch
Dransdorf
Roisdorf
Brenig
Waldorf
Kardorf
Hemmerich
Rösberg
Merten
Sechtem
Walberberg
Schwadorf
Keldenich
Berzdorf
Pingsdorf
Badorf
Metternich
Groß Vernich
Klein Vernich
Die Ville
Schloss Augustusburg
Schloss Falkenlust
Gudorfer Burg
Burg Schwadorf
röm. Hofanlage
Schloss Eichholz
Graue Burg
Weiße Burg
Kitzburg
Ringwall
ehem. Kloster Walberberg
Phantasialand
Burg Kühlseggen
Schloss Gracht
Haus Buschfeld
Erft
553
555
61
1
Bf
1 2 3 4 5 6 7 8 9 10 11 12 13 14 15 16 17 18 19 20 21 22

18	35,5	In **Keldenich** li. auf Hauptstraße. Kurz vor beampelter Kreuzung li. in asphaltierten Weg und am **Entenfang** vorbei nach Berzdorf.
19	38,0	In **Berzdorf** vor Gartenmauer li. und sofort wieder li. Hinter Berzdorf vor Kiesgrube li.
20	39,0	An nächster **Gabelung** re. und nach halber Umrundung des Sees unter Autobahn durch. An nächster Kreuzung li. auf Kopfsteinpflasterstraße bis
21	40,5	**Schloss Falkenlust**. Zurück über Kopfsteinpflasterstraße, zurück bis Umgehungsstraße von **Brühl**.
22	41,5	Hier re. und an nächster Kreuzung (L184) den Schildern Augustusburg folgen und wieder li.
1	42,5	Nach Bahnunterführung li. zum **Bahnhof**.

Wir beginnen unsere Tour durch das Vorgebirge am Bahnhof von Brühl, dessen Platz schon vor 1845 Ziel- und Ausgangspunkt für Landpartien der Stadtbürger Kölns war. Der spätklassizistische Bau der Köln-Bonner Eisenbahnlinie war axial zum Schloss Augustusburg ausgerichtet und somit für den Empfang hoher Gäste konzipiert worden.

Wir fahren vom Bahnhof auf das **Schloss Augustusburg** 1 zu und halten uns rechts vom Schloss auf dem Radweg entlang des Wassergrabens. Am Ende des Weges biegen wir links ab und können von hier den Park und das Schloss besichtigen. Im Schlosspark ist das Radfahren jedoch untersagt.

Schloss Augustusburg liegt am Ostrand des historischen Stadtkerns von Brühl. Nach der Zerstörung der alten Wasserburg im Jahre 1689 durch abziehende französische Truppen legte der Kurfürst und Erzbischof Clemens August, ein Wittelsbacher, 1725 den Grundstein für das neue Schloss. Architekt war der kurkölnische Hofbaumeister Johann Conrad Schlaun. Bis 1728 stellte man den Rohbau einer dreiflügligen Anlage auf den alten Fundamenten fertig, wobei die aufrechten Ruinenteile der alten Burg mit in den Bau einbezogen wurden.

Das Schloss wurde vom bayerischen Hofarchitekten François de Cuvilliés und der Garten vom Gartenschöpfer Dominique Girard vollendet. Die Wassergräben wurden zugeschüttet, die Türme entfernt, die Fassaden überarbeitet und ein französischer Garten angelegt. Die Südfassade wurde nun in Verbindung mit dem neu angelegten Garten und der monumentalen Terrasse zur eigentlichen Vorderseite des Schlosses.

Berühmt ist das Deckenfresko im Treppensaal von Carlo Carlone. Nicht nur hier hat sich Clemens August in verschiedenen Szenen verewigen lassen. Auch an vielen anderen Stellen in Gemälden, Fresken und Ornamenten sowie dem Ausdruck der Architektur an sich stößt man auf seinen souveränen und triumphierenden Machtanspruch. Die große Leidenschaft des Kurfürsten, die Falkenjagd, findet sich in zahlreichen Darstellungen wieder. Eine traditionelle Ansicht besagte, dass nur derjenige einen Staat lenken könne, der auch ein hervorragender Falkner ist. Demzufolge verbot Kurfürst Clemens August sämtlichen Adligen die Falkenjagd.

Die einschiffige Schlosskirche aus dem Jahre 1493 (ehemalige Klosterkirche der Franziskaner) ließ Clemens August ab 1735 zur Hofkirche umbauen und mit dem Schloss durch den Bau der Orangerie als Verbindungstrakt verbinden. An der Südseite der Kirche schließt sich das ehemalige Franziskanerkloster an.

1798 wurde das Mobiliar des Schlosses von den französischen Revolutionstruppen verkauft, und das Schloss verfiel zusehends. Erst im Jahre 1842 wurden die Innenräume für einen Besuch der Queen Viktoria wieder hergerichtet. In der zweiten Hälfte des 19. Jahrhunderts benutzte Kaiser Wilhelm I. das Schloss alljährlich als Residenz während der Herbstmanöver in der Eifel. Mit den Ausbesserungen des schwer beschädigten Schlosses begann man unmittelbar nach dem Zweiten Weltkrieg. Inzwischen befindet sich das Schloss seit 1946 in Händen des Landes NRW.

Der weitläufige **Schlosspark**, nach 1728 von Girard geschaffen, wurde im 19. Jahrhundert vom preußischen Hofgartenarchitekten Peter Josef Lenné in einen Landschaftsgarten umgewandelt. 1933 bis 1937 und nach 1947 wurden Teile des Gartens nach alten Plänen erneuert. Das Gartenparterre und der dahinter liegende Wald mit seltenen Baumarten werden von einem Graben- und Kanalsystem eingefasst, das im 18. Jahrhundert für Gondelfahrten zu zwei kleinen, nicht mehr bestehenden Parkburgen genutzt wurde. Vom Stern des Schlossparks führt eine gerade Allee genau auf Schloss Falkenlust zu.

Wir passieren auf der *Schlossstraße* die Schlosskapelle und gelangen in die Fußgängerzone von Brühl mit zahlreichen einladenden Straßencafés.

Brühl, vom Wortstamm her »sumpfiges Gelände« oder »Sumpfwald«, war der Name für ein grundherrschaftliches Gelände, das als Wildpark genutzt wurde. 1285 erhielt die Siedlung bei der Burg das Stadt- und Marktrecht. Die rechteckige Stadtform und das gitterförmige Straßennetz sind charakteristisch für geplante Städte des Mittelalters. Brühl erlangte neben dem Schloss schnell Ansehen und war von 1469 bis 1597 Landeshauptstadt und Residenz der Kölner Erzbischöfe. Sehenswert sind einige alte Häuser am Markt von Brühl. Die ursprüngliche Bebauung ist jedoch einem Stadtbrand im Jahre 1689 zum Opfer gefallen. Nur das Haus »Zum Stern« (1530) überstand diese Katastrophe. Dem Schloss nachempfunden ist das Haus »Zum Schwan« aus dem Jahre 1749.

Wir fahren die Fußgängerzone *(Uhlstraße)* an der Kreuzung mit der *Schlossstraße* nach links hinunter bis zu ihrem Ende. Nach einer Rechtskurve heißt die Straße immer noch Uhlstraße und wir folgen ihr in Richtung Phantasialand. Im weiteren Verlauf heißt diese Straße *Pingsdorfer* und später *Euskirchener Straße*, steigt allmählich durch Pingsdorf hindurch an, ist leider stark befahren, weist aber glücklicherweise gute Radwege auf. Einmal oben auf dem Villerücken, verabschieden wir uns jedoch für den Rest der Tour vom Autoverkehr und können die Natur genießen.

Zur Linken liegt nun die Einfahrt zum **Phantasialand**, einem riesigen Freizeitpark auf etwa 300 000 qm Fläche. Etwa zwei Millionen Besucher kommen pro Jahr zu seinen zahlreichen Attraktionen.

Wir fahren weiter auf dem linksseitigen Radweg, vorbei an
5,5 km der Einfahrt zum **»Pfannkuchenhaus Birkhof«** ❷ und nehmen den nächsten Weg nach links, folgen dem Radwegweiser »Ville 0,2 km«, fahren über den Waldparkplatz hinweg in den Wald hinein und an einer Schutzhütte geradeaus weiter.

Dieser dichte **Wald** auf dem Villerücken diente schon den Kurfürsten als Jagdrevier. Auch heute noch lebt hier viel Wild. Vom Reh über das Damwild bis hin zu Wildschweinen und Dachsen kann man mit ein wenig Glück alles beobachten. Der Naturpark Kottenforst-Ville wurde 1959 als zweiter Naturpark in Nordrhein-Westfalen geschaffen und 1967 um das rekultivierte Braunkohlenrevier der Ville erweitert.

Die Route über den Höhenrücken der Ville ist im Wald noch
einfach zu finden: immer geradeaus, am **Waldausgang** ❸ 8 km
ein Stück Asphaltweg leicht bergab in leichter Linksbiegung, wie-
der rechts durch einen schmalen Lärchenwald. Auf freiem Feld so-
fort links und am Waldrand entlang auf mäßigem Weg bis zur
kleinen Straße ❹ von Weilerswist nach Rösberg, hier links. (Al- 9 km
ternative für Rennradfahrer zum Waldweg: beim Waldparkplatz
Birkhof weiter geradeaus auf der Landstraße von Brühl nach Wei-
lerswist, in der Abfahrt in einer Rechtskurve nach dem Kieswerk
links abbiegen und dieselbe kleine Straße fahren bis zur Ein-
mündung der Waldroute.)

Weil die landwirtschaftlich intensiv genutzte Ville-Hochfläche
von einem wahren Labyrinth an Wirtschaftswegen überzogen ist, die
aber längst nicht alle weiterführen, folgen Sie bitte der Wegbe-
schreibung genau: Nur 100 m Straße, bei deren Linksknick schräg
rechts ab auf den Wirtschaftsweg, der zwischen Wald (rechts), Rös-
berger Kirche und Wasserturm (links) geradeaus einen Blick bis zum
Siebengebirge bietet. Wir überqueren die Straße von Heimerzheim
nach Rösberg, biegen auf die nächste **Straße** ❺ links ein, fahren an 11,5 km
einem Teich vorbei und nach etwa 300 m rechts in den ersten as-
phaltierten Weg. An der nächsten Kreuzung vor einer **Weide** ❻ auf 13 km
freiem Feld links fahren, bald wieder rechts, geradeaus durch ein
schmales **Wäldchen** ❼, hinter dem es an der nächsten Kreuzung 13,5 km
rechts abgeht. Kurz vor dem Wald und einem Modellflugplatz bie-
gen wir nach links und erreichen eine kleine Straße. – Von hier eröff-
net sich bei gutem Wetter zur Rechten ein herrlicher Blick zur Eifel.
– Wir folgen der Fahrstraße ein kurzes Stück und fahren dann im Prin-
zip **geradeaus** ❽ weiter, dazu müssen wir nach links von der Straße 14,5 km
abbiegen (nicht jedoch scharf links).

Vor dem nächsten Waldstück geht es links, am Wald entlang
weiter, an der nächsten **Kreuzung** ❾ rechts ab und bis zur L 182, 15,5 km
die wir überqueren, am Lückenhof vorbei.

Von hier aus haben wir erstmals einen schönen Blick auf die
Rheinebene.

Etwa 200 m vor dem rot gestrichenen **Römerhof** ❿ folgen 17,5 km
wir dem Wegweiser »Heimatblick«, zunächst geht es links, dann
rechts und vor dem **Wald** ⓫ wieder links ab. 18 km

Kurz vor der Abfahrt haben wir noch einen herrlichen Blick auf das Bergische Land, das Sieger Land und Bonn zur einen Seite, auf das Vorgebirge und einen Teil der Kölner Bucht zur anderen Seite.

In der Abfahrt nehmen wir den ersten asphaltierten Wirt-
0 km schaftsweg ⓬ nach links, der durch eine Obstplantage führt. Wir radeln nun bei schöner Aussicht entlang den Höhenlinien. Nach einer kurzen steilen Abfahrt (Achtung: frühzeitig bremsen) biegt die Route nach links ab und führt hinein nach
2 km **Brenig** ⓭ .

Dort orientieren wir uns am Kirchturm, fahren den *Zentwinkelsweg* steil bergan zum Kirchvorplatz und zur Hauptstraße, dann links in die *Finkegasse* und leicht bergan bis zur L 182. An dem bemerkenswerten Wasserturm am Ortsausgang biegen wir nach rechts auf die L 182 ein und gleich wieder links in die *Heerstraße*.

Bald eröffnet sich der erste traumhafte **Blick auf die Köln-Bonner Bucht**, das Bergische Land, manchmal sogar bis nach Düsseldorf und Remscheid - und dies wiederholt sich auf den nächsten Kilometern.

Bei Hemmerich treffen wir auf eine Tafel zur **römischen Wasserleitung**, die das Wasser gegen Ende des 1. Jahrhunderts aus der Eifel unweit von Mechernich und aus der Urft bis nach Köln leitete. Mit einer berechneten Förderleistung von etwa 20.000 Kubikmetern glasklarem Trinkwasser war sie ein technisches Meisterwerk, zumal neben der Erft und dem Swistbach, die mit langen Aquädukten überspannt waren, auch noch der Gebirgsrücken des Vorgebirges überwunden werden musste. Nach der Römerzeit kam niemand auf die Idee, die Wasserleitung wieder instand zu setzen. Lieber bediente man sich der Steine, die man langsam abtrug.

Der nächste Ort ist Waldorf, in dem wir uns in 154 m Höhe befinden, 110 m höher als der Rhein. Wir folgen nun dem Sträßchen entlang der Kante des Höhenrückens über Hemmerich nach Rösberg.

An den Hängen von **Rösberg** wurde noch im 19. Jahrhundert in großem Stil Wein angebaut. Bis zur Mitte des 20. Jahrhunderts dominierte der Obstanbau, doch heute findet man hier im Vorgebirge und seinem Vorland den »Gemüsegarten des Rheinlandes«.

An der Hauptstraße biegt unsere Route nach links (bergan) ab, die Straße heißt ab hier *Weberstraße*. Kurz darauf geht es
26 km dann nach rechts in die *Von-Weichs-Straße*, vorbei an der Kirche und dem **Schloss** ⓮ immer geradeaus über den Schotterweg.

Wasserturm Rösberg

Schloss Rösberg war lange Zeit sich selber überlassen worden und glich bis in die späten Achtziger Jahre einer Ruine. Heute erstrahlt das für den hoch angesehenen Oberjägermeister des jagdverrückten Kurfürsten, für den Freiherrn von Weichs erbaute Schloss wieder in seinem alten Glanz. Dank der Lage des Schlosses scheint dessen Terrasse nahezu über der Rheinebene zu schweben. Die Jagdgesellschaften pflegten damals in den ausgedehnten Wäldern der Ville zu jagen und danach hier ihre Feste zu feiern. Heute ist Rösberg im Besitz mehrerer privater Eigentümer, daher nur von außen zu besichtigen.

Hinter dem Schlossparkplatz überquert man einen tief liegenden Hohlweg und danach eine schmale Straße. Wir folgen dem nun wieder asphaltierten Weg bis auf die Hauptstraße von Mertener Heide. Vor einer Bäckerei biegen wir rechts ab. Von der nach rechts abknickenden Vorfahrtsstraße biegen wir nach links in den *Rüttersweg* ein.

Entenfang

Am Orstausgang rechts haltend und leicht bergab geht es in den Wald hinein. An einer Kreuzung im Wald fahren wir auf Betonplatten weiter den Rüttersweg geradeaus bis zu einer freien
29 km Fläche und einem **Parkplatz** ⓯ und dort nach rechts, nicht scharf rechts.

Hinunter geht es die steile Abfahrt bis zur L 183, die wir geradeaus überqueren (Vorsicht: viel Verkehr). Wir gelangen nach
31,5 km **Sechtem** ⓰ , halten uns am Ortseingang rechts und biegen dann am Ortsschild nach links in die *Graue-Burg-Straße* ein.

Etwas abseits von unserer Route liegt in Sechtem die **Weiße Burg** ein aus dem 19. Jahrhundert stammendes Herrenhaus, das sehr stark an einen Landsitz in Italien denken lässt. Die im klassizistischen Stil erbaute »Burg« beherbergt heute einen landwirtschaftlichen Betrieb. Bereits im 11. Jahrhundert soll hier eine ritterliche Wasserburg gestanden haben.

Direkt an der Route liegt ebenfalls in Sechtem die von einem Vassergraben umgebene **Graue Burg**. Sie wurde 1770 bis 1771 on Johann Georg Leydel, dem Baumeister der Dorfkirche, erbaut. uch die Graue Burg hatte einen Vorgänger im 12. Jahrhundert, der llerdings einem Brand zum Opfer gefallen ist.

Kurz vor dem Ortsausgang geht es dann links in die *Rosenweiherstraße*, aus Sechtem heraus, und weiter parallel zur Bahnstrecke Köln-Bonn, bis zur nächsten Kreuzung, an der wir nach rechts abbiegen. Wir überqueren die Bahn, fahren am Dickopshof vorbei bis nach **Keldenich** **17** . 33,5 km

)er **Dickopshof** dient der Universität Bonn als Stützpunkt für die reiland-Pflanzenzucht. Eine kleine sehenswerte Kapelle gehört um Anwesen.

In Keldenich gelangen wir auf die Hauptstraße nach Sechtem und fahren auf ihr links in den Ort hinein. Kurz vor der beampelten Kreuzung biegen wir links in einen kleinen asphaltierten Weg ein, der uns am **Entenfang** **18** vorbei nach Berzdorf 35,5 km
bringt.

)as Naturschutzgebiet **Entenfang** ist ein ehemaliger Rheinarm, gut u erkennen ist noch die deutliche Kante im Gelände rechts des Veges, die ehemals Uferböschung war. An den verschilften und tark bewachsenen Ufern des 1000 m langen, vom Dickopsbach jespeisten Gewässers brüten über 30 Vogelarten. Für Zugvögel ist der ntenfang ein beliebter Rastplatz. Das machte man sich schon zur kurürstlichen Zeit Clemens Augusts zunutze und betrieb von Schloss alkenlust aus am »Entenfang« intensiv die Falkenjagd. Durch einen peziellen Verschlag kann man einen Blick auf das Gewässer und die 'ögel werfen, ohne diese bei ihrem Brutgeschäft zu stören.

In **Berzdorf** **19** biegen wir vor der Gartenmauer nach links 38 km
und sofort wieder links ab, folgen der Straße aus Berzdorf hinaus und halten uns vor der Kiesgrube links. An der nächsten
Gabelung **20** geht es dann rechts weiter, und nach einer halben 39 km
Umrundung des tief liegenden Sees fahren wir unter der Autobahn hindurch und an dem Polizeigelände vorbei. An der nächsten Kreuzung biegen wir links auf die Kopfsteinpflasterstraße ab und erreichen nach wenigen Metern

40,4 km **Schloss Falkenlust** 21 : Vorbild aller Lustschlösser im Rheinland. Es ist von einem Park umgeben, der mit seinem alten Baumbestand unter Naturschutz steht, und über eine gerade Allee mit dem Stern (einem Wegeursprung in der Mitte des Parks) von Schloß Augustusburg verbunden. Von François Cuvilliés entworfen, wurde Falkenlust von Michael Leveilly 1729 bis 1740 erbaut. Es diente dem Hofstaat und vor allem natürlich Clemens August zur Falkenjagd, seiner großen Leidenschaft. Das Schloss zählte seinerzeit zu den »Gartenhäusern« von Schloss Augustusburg, von denen jedoch kein weiteres mehr erhalten ist. Von einer großen Aussichtsplattform (Belvedere) auf dem Walmdach konnte die Jagdgesellschaft das Jagdgeschehen sehr gut verfolgen. Die Falken wurden in der damals unbebauten Ebene in Richtung Rhein auf die Jagd geschickt.

Ein durch die Kavaliershäuser (Wirtschaftsgebäude) eingefasster Ehrenhof wird an den Stirnseiten von kunstvollen schmiedeeisernen Gittern umrahmt. Auch das Innere von Schloss Falkenlust ist, wie der Name es nicht anders vermuten lässt, von der Falkenjagd geprägt. Besonders sehenswert ist das Spiegelkabinett in den Gemächern des Kurfürsten. Die achteckige Kapelle aus dem Jahre 1740 liegt nicht weit vom Schloss entfernt. Das Innere ist vollständig mit Muschelwerk und Bleikristall ausgekleidet.

Wir radeln wieder über die Kopfsteinpflasterstraße zurück und folgen ihr bis zur Umgehungsstraße von Brühl.

Nach dem Kopfsteinpflaster können wir mit den Radprofis mitfühlen, die bei dem Rennen Paris-Roubaix viele Kilometer

Schloss Falkenlust

auf solchen und schlimmeren Wegen fahren müssen. Am besten fährt es sich ganz rechts oder links am Rand, zudem mit hoher Geschwindigkeit besser als langsam.

Wir überqueren die Straße, radeln auf dem linksseitigen Radweg nach rechts ㉒ und an der nächsten Kreuzung links ab. In Brühl endet der Radweg leider, und wir müssen auf der Straße weiterfahren. Nach der Bahnunterführung noch einmal links – schon wieder Kopfsteinpflaster –, und wir sind da ❶.

41,5 km

42,5 km

Rheinaufwärts nach Bonn

Köln - Rodenkirchen - Weiß - Sürth - Wesseling - Urfeld - Widdig - Hersel - Graurheindorf - Bonn

Auf den ehemaligen Leinpfaden der Rheinschifferei können wi entspannt und gemächlich von Köln nach Bonn fahren, zu Linken fast immer den Blick auf Vater Rhein, zur Rechten au die verschiedenen Sehenswürdigkeiten und das Vorgebirge. Wir ra deln über Rodenkirchen und Wesseling - vorbei an den riesigen Öl tanks nach Graurheindorf und schließlich nach Bonn hinein.

Start:	Hauptbahnhof Köln (470)
Ziel:	Hauptbahnhof Bonn (470)
Streckenlänge:	39 km
Streckenprofil:	flach, am Rhein entlang
Wegebeschaffenheit:	überwiegend asphaltierte Wegstrecken, meistens auf den ehemaligen Leinpfaden
Sehenswürdigkeiten:	Rheinauhafen, Severinsbrücke, Bayenturm, Rodenkirchen, Forstbotanischer Garten, Rheinufer, Bonner Schloss, Bonner Münster, Altstadt
Gaststätten:	»Altstadt Köln«, »Marienburger Bootshaus« (Köln-Marienburg), »Zum Treppchen« (Rhodenkirchen), »Rheinterrasse Alt-Urfeld« (Urfeld), zahlreiche Ausflugslokale entlang der Rheinuferstraße
Verknüpfungen:	mit der Tour 1 nach Norden, der Tour 6 um Brühl oder der Tour 8 auf der anderen Rheinseite
Karten:	ADFC-Regionalkarte Köln/Bonn 1 : 75.000 (Bielefelder Verlag), Radwanderkarte Rhein-Sieg-Kreis 1 : 50.000 (Landesvermessungsamt NRW), ADFC-Radtourenkarte Rheinland/Eifel 1 : 150.000 Blatt 15 (Bielefelder Verlag)

Köln auch
mal aus der Luft
erleben ...

Die Tour auf einen Blick

Nr	km	Beschreibung
1	0	Vom *Breslauer Platz* (**HBf. Köln**) re. hinunter zum Rhein
	0,5	Unter der Hohenzollernbrücke durch vorbei an Altstadt
2	1,5	**Rheinauhafen** mit Malakoffturm, Schokoladenmuseum und Sportmuseum.
3	5,5	Am Marienburger Bootshaus, kurz vor **Rodenkirchener Brücke** Rheinuferstraße überqueren und auf re.seitigem Radweg weiter, nach Brücke li. auf Hauptstraße (Radwegweiser).
4	6,0	An Ampel in **Rodenkirchen** vor modernem Geschäftshauskomplex li. in Richtung Rhein ab (Fahrradwegweiser) an nächster Kreuzung weiter geradeaus, dann auf Radweg Richtung Süden. Auf rot markiertem Radweg 1. Straße li. zum Rhein hinunter.
5	11,5	Über Köln-**Weiß** nach -**Sürth**.
6	16,5	Vor Hafeneinfahrt von Köln-**Godorf** das Rheinufer hinauf und nach re. vom Rhein weg auf zwei Kühltürme einer Erdölraffinerie zu. Überquerung der Bahnlinie und kurzes Stück »zurück«. An **B9** li. auf den Radweg. Kurz bevor Straße zum 2. Mal leicht bergab führt, an Ampel li. in Richtung Wesseling (Radwegweiser Koblenz).
7	21,0	An nächster Ampel vor Degussa-Halle re. nach **Wesseling**. Kurz bevor Hauptstraße nach re. abbiegt (abknickende Vorfahrt), li. in Richtung Rhein (Radwegweiser). Zum Rhein und weiter stromaufwärts.
8	25,0	In **Urfeld** nach Ausflugsschiffen, steil Rampe hinauf und oben li. in Weg hinein, Schildern nach Koblenz folgend Nach Kurven wieder zum Rhein und re. hinunter.
9	29,5	Am Sportplatz von **Hersel** vorbei auf alter Römerstraße nach Graurheindorf.
10	33,0	In **Bonn-Graurheindorf** unter der Autobahnbrücke der A 565 nach li. zum Rhein hinunter auf Rheinpromenade
11	36,0	Nach 2. Brücke etwa 200 m nach **Opernhaus** kurz vor **Stadtgarten** nach re. in *Konviktstraße*. Überqueren der B9 *(Adenauerallee)* und weiter auf *Franziskanerstraße*. Weiter li. durch **Stockentor** und sofort re. auf *Regina-Pacis-Weg* vor **Schloss**.

⑫ 38,0 Hinter **Schloss** re. in Straße *Am Neutor* und über *Martinsplatz* zum **Münster**.
Hinter Münster weiter auf *Windeck Straße* und 1. Straße re., die *Poststraße*,

⑬ 39,0 zum **Hauptbahnhof Bonn**.

Mit dem Rücken zur Bahnhofsrückseite des **HBf. Köln** ❶ auf dem Breslauer Platz biegen wir hinter dem orangefarbenen Hotel rechts ab hinunter zum Rhein und fahren nach rechts flussaufwärts.

Unter der Hohenzollernbrücke hindurch geht es vorbei an der malerischen Altstadt, und bald erreichen wir die Hafenausfahrt des **Rheinauhafens** ❷ mit dem Malakoffturm, der Drehbrücke 1,5 km
und dem von Imhoff (Stollwerk) gesponserten Schokoladenmuseum in einem futuristischen Gebäude.

Wir können über die Brücke an der Einfahrt des **Rheinauhafens** radeln und dort das Schokoladenmuseum oder das Deutsche Sportmuseum besichtigen. Am Ende des Hafens kehren wir dann auf den Rheinuferradweg zurück. Der Rheinauhafen entstand von 1890 bis 1898. An der Hafenausfahrt stehen der Malakoffturm von 1855 und das Denkmal des Tauziehers aus dem Jahre 1908. Schon vor der Anlage des befestigten Hafens gab es an dieser Stelle einen natürlichen Hafen, die so genannte Rheinau oder das Werthchen, eine dem Ufer vorgelagerte Insel. Sie diente vielen Kölnern als Erholungsinsel.

Und weiter geht es links der *Rheinuferstraße* auf dem Radweg unter der Severinsbrücke hindurch.

Die **Severinsbrücke**, in den Jahren 1958 und 1959 von Gerd Lohmer erbaut, besitzt eine Länge von 691 m. Getragen wird die Brückenkonstruktion von nur einem einzigen, gigantischen, 80 m hohen Dreieckspylon. Kurz nach dem Ende des Hafenbeckens sehen wir zur Linken den mittelalterlichen **Bayenturm**, der einst südlicher Eckpunkt zwischen der Ufermauer und der Mauer zur Landseite war. Nach Kriegsschäden und erfolgreicher Restaurierung erstrahlt er nun wieder in neuem Glanz. Heute befindet sich das feministische Archiv in den Gemäuern des Turms.

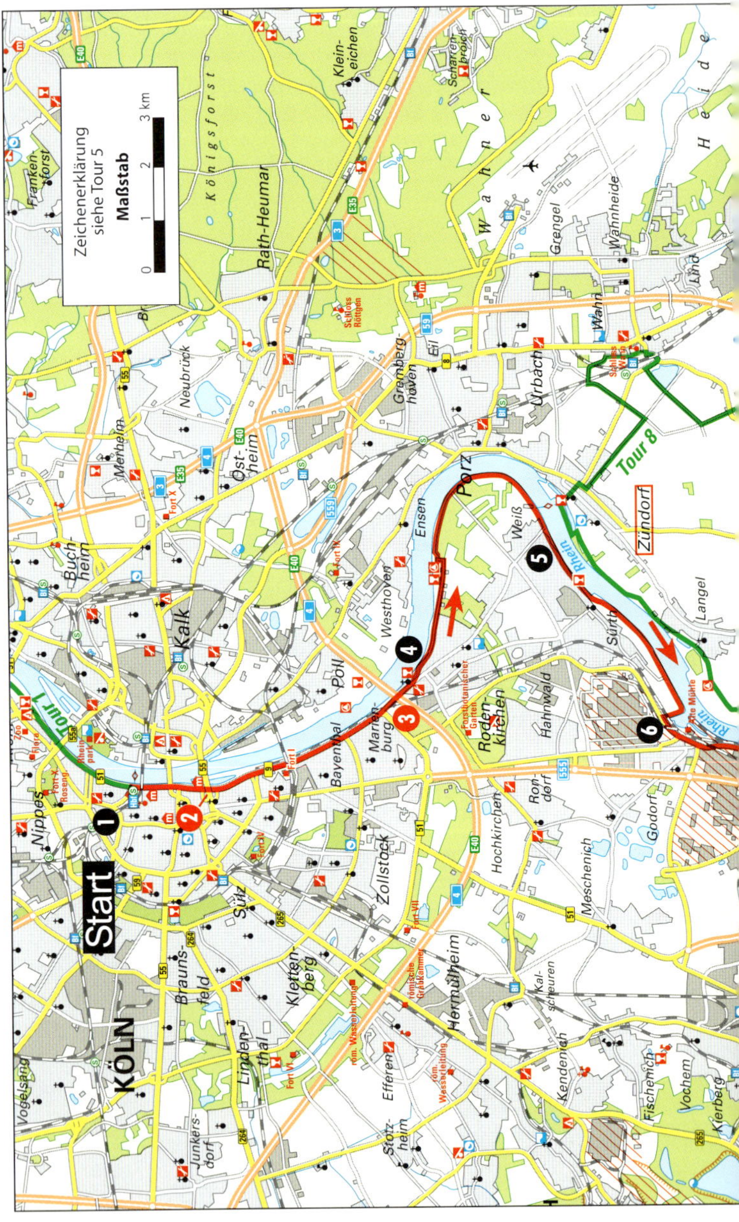
Zeichenerklärung
siehe Tour 5
Maßstab
0 1 2 3 km
Start
KÖLN
Nippes
Vogelsang
Braunsfeld
Lindenthal
Junkersdorf
Sülz
Klettenberg
Zollstock
Bayenthal
Marienburg
Poll
Westhoven
Ensen
Porz
Weiß
Sürth
Rodenkirchen
Hahnwald
Rondorf
Hochkirchen
Meschenich
Godorf
Kalscheuren
Hermülheim
Efferen
Stotzheim
Kendenich
Fischenich
Vochem
Kierberg
Kalk
Buchheim
Merheim
Neubrück
Ostheim
Rath-Heumar
Königsforst
Frankenforst
Kleineichen
Scharrenbroich
Wahner Heide
Grengel
Wahnheide
Wahn
Urbach
Gremberghoven
Eil
Schloss Röttgen
Zündorf
Langel
Lind
Rhein
Tour 1
Tour 8
Forstbotanischer Garten
Alte Mühle
Fort I
Fort IV
Fort VI
Fort VII
Fort IX
Fort X
Rheinpark
Flora
Zoo
röm. Wasserleitung
römische Grabkammer

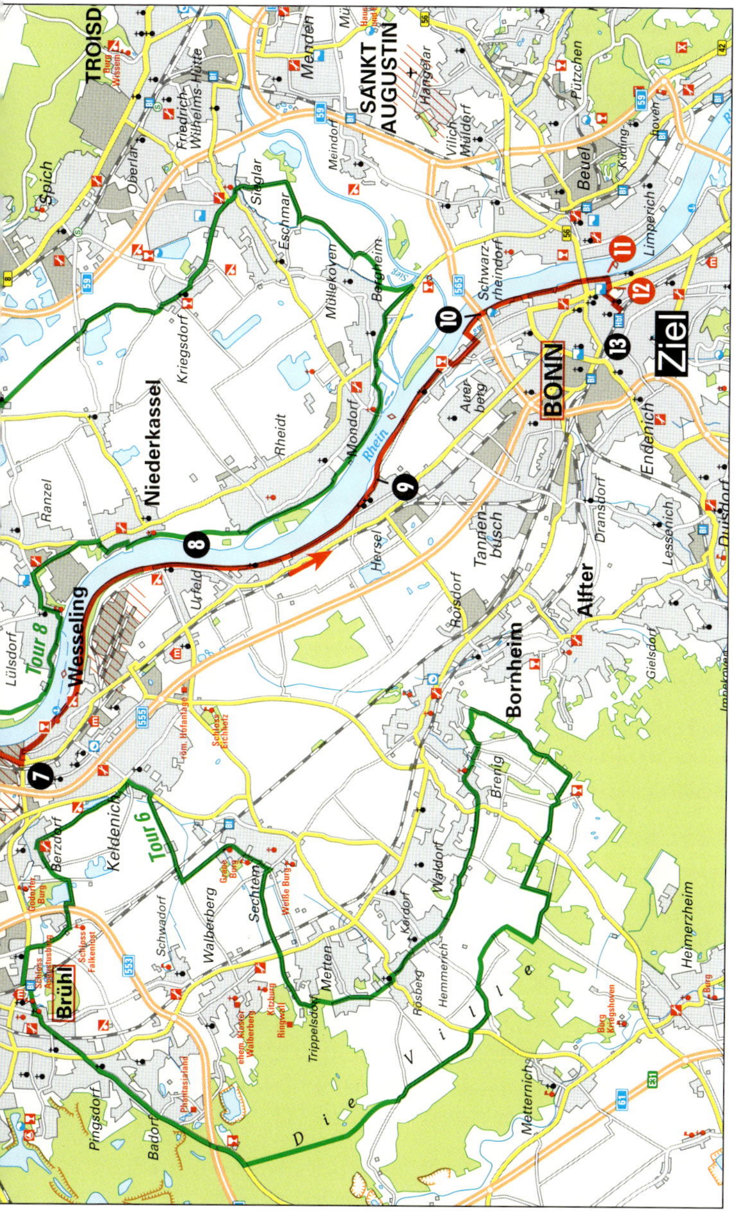

Ziel
BONN
Wesseling
Niederkassel
Brühl
Bornheim
Alfter
SANKT AUGUSTIN
TROISD
Tour 8
Tour 6
Die Ville
Rhein
Sieg
Lülsdorf
Ranzel
Kriegsdorf
Rheidt
Mondorf
Müllekoven
Bergheim
Eschmar
Sieglar
Spich
Oberlar
Friedrich-Wilhelms-Hütte
Meindorf
Menden
Hangelar
Vilich Müldorf
Beuel
Pützchen
Küdinghoven
Limperich
Schwarz-rheindorf
Auerberg
Tannenbusch
Hersel
Urfeld
Roisdorf
Dransdorf
Endenich
Lessenich
Duisdorf
Gielsdorf
Impekoven
Brenig
Waldorf
Kardorf
Hemmerich
Rösberg
Merten
Trippelsdorf
Sechtem
Walberberg
Schwadorf
Keldenich
Berzdorf
Pingsdorf
Badorf
Metternich
Heimerzheim
Burg Kriegshoven
Weiße Burg
Grube Burg
Ringwall
Kitzburg
ehem. Kloster Walberberg
Phantasialand
Schloss Falkenlust
Schloss Augustusburg
Godorfer Burg
röm. Hofanlage
Schloss Eichholz
Burg Wissem
7
8
9
10
11
12
13
555
553
565
59
56
61
E31
42
8

Wir radeln weiter an der Rückseite der Lagerhäuser vorbei, deren Rheinseite wesentlich schöner aussieht.

Von der anderen Rheinseite, der »schäl Sick«, erscheinen die **Lagerhäuser** am Agrippina-Ufer mit ihren neun Giebeln und zahlreichen Fenstern wie Wohnhäuser. Dies war auch die Absicht des Architekten H. Verbeek, der den Komplex 1908/1909 errichtete. Die Giebel trugen dem Gebäude im Kölner Volksmund dann auch den Namen »Siebengebirge« ein.

Nun geht es auf einer Lindenallee weiter bis kurz vor die **Rodenkirchener Brücke** 3. Wir können auch unterhalb der
5 km
Ufermauer direkt am Rhein radeln. Am Marienburger Bootshaus, einem schwimmenden Biergarten, sollten wir nach rechts abbiegen und die Rheinuferstraße überqueren. Wir überqueren also die Straße und fahren auf dem rechtsseitigen Radweg weiter, bis wir nach der Brücke hinter einem prächtigen Blumenbeet nach links auf die Hauptstraße abbiegen. Wir folgen dabei den Radwegweisern.

Die **Rodenkirchener Autobahnbrücke**, 1938 bis 1941 nach den Plänen von P. Bongartz als Kabelhängebrücke erbaut, wurde im Krieg beträchtlich zerstört und in den fünfziger Jahren wiederaufgebaut. Für den wachsenden Fernverkehr mehr und mehr zu einem Nadelöhr geworden, hat man bis 1995 die Brückenbreite verdoppelt, ohne dass der Verkehr - jetzt auf 6 Spuren - einen Tag ruhen musste.

Wer den **Forstbotanischen Garten** besuchen will, macht in Rodenkirchen einen kleinen Abstecher nach rechts von der Hauptstraße. Die *Friedrich-Ebert-Straße* führt (etwa parallel zur Autobahn) zu dem 1964 eröffneten, sehr beliebten Garten (täglich ab 9 Uhr offen, Eintritt frei) hin. Auf 25 ha finden sich etwa 4000 Pflanzenarten einzeln und in größeren Beständen, darunter 500 Rhododendronarten.

Im Süden geht der Garten in das **Friedenswäldchen** über, in dem fast alle Länder der Erde mit einem typischen Baum oder Gehölz vertreten sind. Der Rundweg ist etwa 4 km lang. Eine Liegewiese für eine Pause findet man hier ebenso wie Spielmöglichkeiten.

Die ältesten Quellen, in denen der **Name Rodenkirchen** auftaucht, gehen in das 10. Jahrhundert zurück. Das Zentrum des ehemaligen Fischerorts im Süden von Köln ist auch heute noch durch Backstein- und Fachwerkhäuser geprägt. Die Kirche Alt St. Maternus aus dem 11. Jahrhundert erhielt erst im 17. Jahrhundert einen Turm.

Am Rheinufer liegt die Kirche **Alt St. Maternus**. Um diese Kirche rankt sich eine Legende. Als Maternus starb, der in Trier, Köln und Tongeren Bischof war, versuchten alle drei Bistümer, seine sterblichen Überreste in ihren Kirchen begraben zu dürfen. Da keine Einigung gefunden werden konnte, legte man Maternus' Überreste in Köln in ein Boot und überließ die Entscheidung Gott. Das Boot blieb zur Enttäuschung der Kölner nicht in Köln, schwamm aber auch nicht rheinabwärts in Richtung Tongeren, sondern ein Stück weit den Rhein hinauf, zwar nicht bis nach Trier, doch bis nach Rodenkirchen.

Rodenkirchen gehört zu den Stadtteilen von Köln, die regelmäßig am stärksten von den Rheinhochwassern betroffen werden.

An der Ampel vor dem modernen Geschäftshauskomplex in **Rodenkirchen** ❹ geht es nach links in Richtung Rhein ab 6 km
(Fahrradwegweiser), an der nächsten Kreuzung weiter geradeaus zum Rhein hinunter, über die Uferpromenade hinweg zum Radweg Richtung Süden.

Weiter südlich müssen wir das Ufer verlassen, weil einige Campingplätze und Gebäude der verschiedensten Kölner Wassersportvereine Grundstücke bis zum Wasser haben. Wir radeln nun auf dem rot markierten Radweg und nehmen die erste Möglichkeit nach links zum Rhein hinunter.

Der **Weißer Bogen** ist der Innenbogen einer ausgeprägten Rheinschlinge, die im Gegensatz zum gegenüberliegenden Porzer Ufer nicht besiedelt ist und in dem ausgedehnten Auenwald vielen Vögeln, auch selteneren Arten, einen Brutplatz bietet. Außerdem befindet sich hier eines der wichtigsten Kölner Wassergewinnungsgebiete. In 600 m Entfernung vom Ufer fördert eine Brunnengalerie Rohwasser aus 12 bis 25 m Tiefe. Das Wasser ist eine Mischung aus Grundwasser und Uferfiltrat des Rheines, das etwa ein halbes Jahr für die Strecke vom Rhein bis zu den Brunnen benötigt.

In **Köln-Weiß** besteht eine Fährverbindung zur Zündorfer Groov (Sommermonate). An dieser schmalen Stelle des Rheins ist eine Überfahrt auf der kleinen Fähre besonders für Kinder ein kleines Abenteuer.

11,5 km Auf der Promenade von **Köln-Weiß** ❺, vorbei an zahlreichen Bänken und einem alten bewohnten Frachtschiff, gelangen wir an dem hier recht hohen Ufer nach

Sürth: Dieser Kölner Stadtteil geht auf eine römische Siedlung zurück und wirkt mit seinen sehenswerten Höfen Mönchshof und Falderhof und der Kirche St. Remigius von 1830 auch heute noch dörflich. Über die Rheinwiesen mit einem schönen Kinderspielplatz kommen wir weiter stromaufwärts in die **Sürther Aue**, ein vom Menschen geschaffenes Biotop. Als der Godorfer Hafen ausgebaggert wurde, schuf man mit dem Kies südlich von Sürth ein großflächiges Uferplateau. Auf der so entstandenen »Naturinsel« konnten sich über 270 Pflanzenarten ansiedeln. Bemerkenswert ist die Vogelwelt: So brütet zum Beispiel der Neuntöter hier, der seine Beute (Mäuse, Insekten) auf Dornen aufspießt. Über 70 Vogelarten wurden schon beobachtet. Für Schmetterlinge ist die Aue ein wahres Paradies.

16,5 km Vor der Hafeneinfahrt von **Köln-Godorf** ❻ fahren wir das Rheinufer hinauf und folgen dem Weg nach rechts vom Rhein weg auf zwei Kühltürme einer Erdölraffinerie zu. Wir überqueren über eine Brücke die Bahnlinie und fahren ein kurzes Stück »zurück«. An der Hauptstraße (B 9) führt die Route nach links auf dem Radweg weiter.

Wesseling ist durch die weithin sichtbare und nachts beeindruckend beleuchtete petrochemische Industrie geprägt. Um die Jahrhundertwende fing alles an: Man baute einen Hafen, transportierte per Bahn die Villebraunkohle in Form von Briketts her und lud sie auf Schiffe. Und bald siedelten sich die ersten Unternehmen an, die heute noch vorwiegend Benzin und Heizöl, aber auch Ausgangsstoffe für die chemische Industrie wie Methanol, Ammoniak oder Ethanol herstellen. Der Durchbruch kam, als Ende der 50er Jahre Ölpipelines verlegt wurden, von Rotterdam und Wilhelmshaven hierher und weiter nach Ludwigshafen und in den Raum Frankfurt. 1975 wurde die durch Gewerbesteuer unter anderem von Shell, Degussa oder DEA sehr reiche Stadt Wesseling im Zuge einer kommunalen Neuordnung von Köln einverleibt. Doch nach einer erfolgreichen Verfassungsklage musste Köln die Stadt Wesseling wieder in den großflächigen Rhein-Erftkreis entlassen, dessen Kreisstadt Bergheim weit entfernt ist.

Da das Hafen- und Industriegelände am Rhein für Radler ge-
sperrt ist, müssen wir leider auf die Radfahrstreifen an stark
befahrenen Straßen ausweichen. Wir achten noch auf die Rad-
wegweisung nach Koblenz, und vorbei an der Degussa, noch
bevor die Straße zum zweiten Mal leicht bergab führt, biegen wir
an der Ampel links ab Richtung Stadtmitte **Wesseling** ❼: An der 21 km
nächsten Ampel vor einer Degussa-Werkshalle rechts, nun auf der
Straße durch die **Stadt**, und kurz bevor die Vorfahrtstraße nach
rechts abknickt, biegen wir den Wegweisern folgend nach links
zum Rhein.

Auch hier pendelt eine kleine Personenfähre, von Wesseling
nach Lülsdorf. Nach der Landungsstelle müssen wir uns links hal-
ten und den Radweg unterhalb des Deiches weiterfahren.

In **Urfeld** ❽ können wir auf der Rheinterrasse »Alt-Urfeld« 25 km
eine Pause bei einem kühlen Getränk einlegen. Nach den beiden
Ausflugsschiffen, die hier vor Anker liegen, geht es steil die
Rampe hinauf und oben links einen Weg hinein, der schließlich
nach einer kurvigen Passage wieder zum Rhein führt. Hier fah-
ren wir rechts hinunter. Nun eröffnet sich zum ersten Mal ein
schöner Blick auf das **Siebengebirge**. Zur Linken befindet sich
nun das **Herseler Werth**, eine Insel im Rhein, die einen natürli-
chen Hafen für Sportboote bildet, welche hier zahlreich an den
Stegen liegen.

Wir fahren am Sportplatz von **Hersel** ❾ vorbei auf einer 29,5 km
alten Römerstraße nach Graurheindorf. Wer möchte, kann auch
unten am Rhein radeln (hinter dem Sportplatz links), muss hier
jedoch verstärkt auf die Fußgänger achten.

Kurz vor Graurheindorf treffen wir auf die Autofähre nach
Mondorf. Gegenüber mündet die Sieg in den Rhein. Die Route
führt durch **Graurheindorf** ❿ hindurch, bis zur Autobahn- 33 km
brücke der A 565, unter der wir nach links zum Rhein hinunter
abbiegen. Zur Rechten lockt ein schönes Freibad (Römerbad).
Nun gelangen wir auf die sehr breite **Bonner Rheinpromena-
de** (Leinpfad), die eine eigene Radspur aufweist. Rechts sehen wir
bald die **Beethovenhalle** und unmittelbar nach der zweiten
Brücke das **Opernhaus** ⓫. Etwa 200 m nach dem Opernhaus 36 km
biegen wir kurz vor dem Stadtgarten nach rechts in die *Kon-
viktstraße* ein. Wir überqueren die B 9 *(Adenauerallee)* und ge-
langen auf die *Franziskanerstraße*. Weiter geht es nach links
durch das **Stockentor** und sofort wieder rechts auf den *Regina-
Pacis-Weg* vor dem Schloss.

Wie Köln hat auch **Bonn** römische Ursprünge. Etwa 20 v. Chr. ließ hier der Feldherr Drusus Lager anlegen, um sie herum bildeten sich zivile Ansiedlungen, eine namens *Bonna*. Dann entstand über dem vermutlichen Grabplatz der Märtyrer Cassius und Florentius um 400 ein frühchristliches Bauwerk, später ein reiches Stift, für das 848 der Kölner Erzbischof einen Propst berief. Um 1060 begann man nahe der Grabstätte mit dem Bau des **Münsters**, einer dreischiffigen Basilika mit Querschiff von enormen Ausmaßen. Verschiedene Umbauten und zwei Königskrönungen 1314 und 1346 im Münster sowie Bonns Beitritt bereits 1254 in den Rheinischen Städtebund unterstreichen die Bedeutung der Stadt. Nach der verlorenen Schlacht von Worringen residierten die Kölner Kurfürsten hier, bauten eine Burg, ließen die Stadt 1658 zur Festung ausbauen, die 1689 zerstört wurde. Danach blühte Bonn erneut auf. Im Sommer wohnten die Kurfürsten auf Schloss Brühl, sonst im Bonner **Kurfürstlichen Schloss**, das 1697 bis 1703 als mächtige Vierflügelanlage auf dem Gelände der alten Burg angelegt und nach dem Abriss der Stadtmauern 1713 sogar vergrößert wurde. Der neugewonnene Platz eignete sich sehr für ein Bauwerk nach absolutistisch-französischem Vorbild. Heute ist die Rheinische Friedrich-Wilhelms-Universität im Schloss untergebracht.

Rheinansicht

Hinter dem **Schloss** 12 biegen wir rechts ab in die Straße *Am Neutor*, kommen über den *Martinsplatz* zum Münster, schieben am besten geradeaus weiter in die *Windeck-Straße* und gelangen über die *Poststraße* rechts zum **Hauptbahnhof** 13. Wer noch Zeit hat, bummelt durch die Fußgängerzone, besucht vielleicht auch das **Rathaus** am *Marktplatz*, das **Beethovenhaus** in der *Bonngasse* oder weitere Sehenswürdigkeiten. 38 km 39 km

Flaches Land zwischen Rhein und Sieg

Wahn - Zündorf - Langel - Lülsdorf - Niederkassel - Mondorf - Sieglar - Kriegsdorf - Stockem - Libur - Wahn

Die flache Ebene im Kölner Südosten vom Rhein bis zur Wahner Heide ist landwirtschaftlich geprägt. Unser Startort ist Wahn mit seinem alten Schloss, von wo aus wir Richtung Westen zur Groov am Rhein radeln. Weiter geht es auf dem Rheindamm oder auf vorgelagerten Radwegen in Richtung Süden durch herrliche Auenlandschaften mit viel Grün. Am Weg liegen einige der alten Rheinarme, die heute naturnahe Erholung bieten. Wer Zeit hat, sollte zusätzlich die Siegmündung ein wenig erkunden, man kann dabei mit der Fähre über die Sieg setzen. Schließlich gelangen wir auf dem Siegdamm nach Sieglar und danach durch die weite Flur nach Kriegsdorf und Libur, die südlichste Kölner Gemeinde. Von hier aus sind es nur noch wenige Kilometer bis zum Ausgangspunkt.

Die Tour kann an den verschiedenen Rheinfähren mit der linksrheinischen Tour 7 und im Osten mit der Tour 9 verbunden werden. Die Karte gibt einen Verbindungsweg an. Auf größtenteils autofreien, asphaltierten Wegen haben wir am Ende 41 flache Kilometer zurückgelegt.

Start und Ziel:	*Bahnhof Porz-Wahn, S-Bahn nach Köln und Siegburg*
Streckenlänge:	*41 km*
Streckenprofil:	*flach*
Wegebeschaffenheit:	*überwiegend asphaltierte Wegstrecken, meistens auf Wirtschafts- und Rheinuferwegen*
Sehenswürdigkeiten:	*Schloss Wahn, Porzer Groov, historisches Stadtbild Zündorf, Zündorfer Wehrturm mit kölnischem Stadtmuseum, Rheinauen, Wasserschloss Lülsdorf, Rheidter Werth, Siegmündung, Eschmarer Mühle, Sieglarer Markt, Sieglarer See*
Gaststätten:	*Zahlreiche Gaststätten und Ausflugslokale entlang des Radwegs am Rhein, an der Strecke durch die Felder sind nur noch Dorfgaststätten vorhanden.*

Eschmarer Mühle

Die Tour auf einen Blick

Nr	km	Beschreibung
1	0	Mit **S-Bahn-Haltestelle Porz-Wahn** im Rücken re. und hinter Eiche sofort li., vor Schlossmauer li. in Kastanienallee; li. auf Autostraße
2	1,5	Nach Unterquerung der **Gleise** li. auf asphaltierten Feldweg und später über *K23* auf
3	2,5	mitten im Feld stehende **Linde** zu; hier re.
4	4,5	In **Zündorf** an Ampel Wegweisern »Fähre, Groov« folgend re., 1. Möglichkeit li. in *Keimergasse*, Hauptstraße kreuzen und über *Burggasse* zur Groov.
5	5,0	Über kleinen Damm (**Groov**) und vor Rhein li. bis
6	8,5	**Langel**, am Ortsende Rheinufer verlassen und vor Café Hütters Piccolo schräg li. und leicht bergan auf den Rheindamm. Bis Lülsdorf auf Damm.
7	12,5	Direkt vor **Lülsdorf** li. und sofort wieder re. in *Uferstraße*, li. in *Burgstraße*; an *Berliner Str. (K22)* re. (Radweg). Radwegweiser (Niederkassel, Bonn).
8	14,6	An **Ampel** re. und weiter auf Radweg, an folgender Kreuzung auf Radweg bleiben und halb re. nach
9	16,0	**Niederkassel**, re. in *Waldstraße*, dann li. in *Rathausstraße*. 1. Weg re. zum Rhein, hier li.. Auf Rheindamm über **Rheidt** nach
10	22,0	**Mondorf**, an T-Kreuzung re. den **Hummerich** zum Rhein hinunter.
11	23,0	Am **Sportboothafen** vorbei. An nächster Kreuzung re. bergan und über *L269* weg. Nach Brücke weiter re. Wegweiser nach Bonn folgend, dann Richtung **Siegfähre**.
12	25,5	Auf Damm nach li. Auf Dammradweg bis kurz vor **Bergheim**, hier re. nach Sieglar.
13	29,0	Vor **Eschmarer Mühle** nach re. Richtung Allee. Richtung Sieglar. An Allee *(Meindorfer Straße)* li.
14	30,0	In **Sieglar** auf Kopfsteinpflaster bergan an Kirche vorbei, dann li. auf *Larstraße* und re. in *Rathausstraße*. Halb re. Einbahnstr. umfahren an *Pater-Böhm-Straße* li. nach
15	31,5	**Kriegsdorf**, über *Reichensteinstraße* aus Kriegsdorf heraus.
16	34,0	Am **Kerpenkreuz** hinter Kriegsdorf re. Radwegweisern nach Zündorf folgend. In Stockem über *L269*.

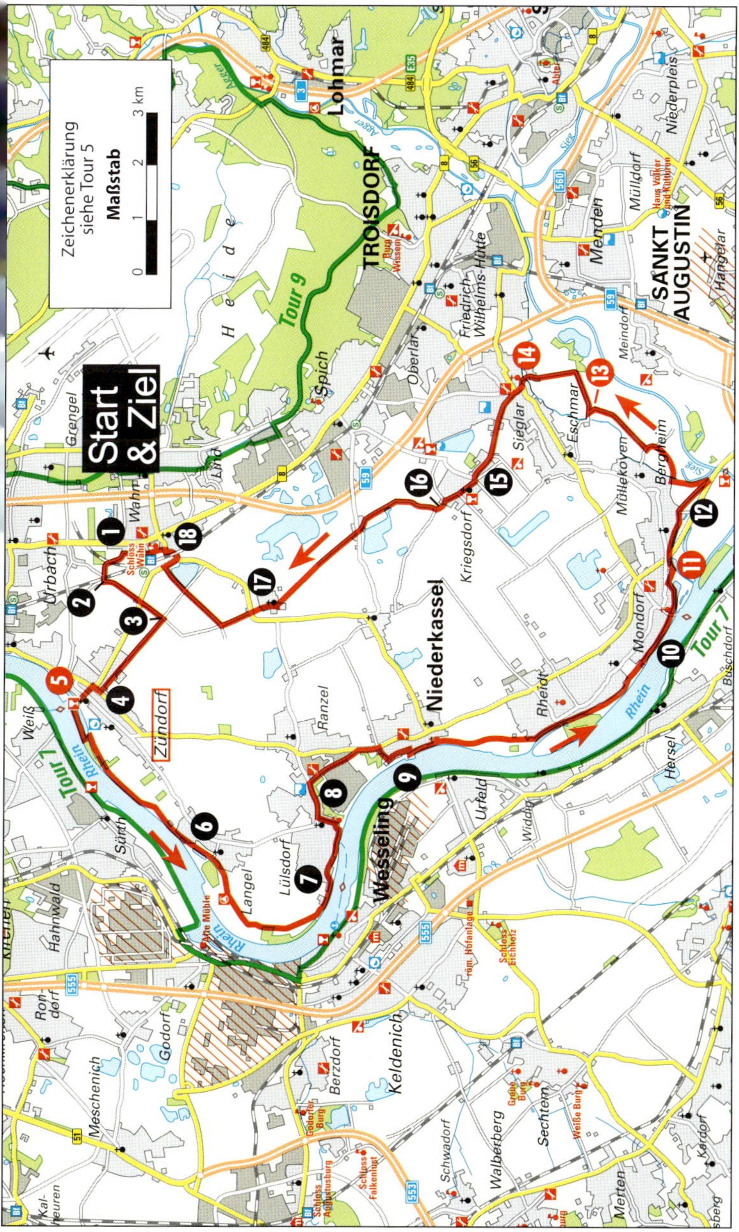
Start & Ziel
Zeichenerklärung siehe Tour 5
Maßstab
0 1 2 3 km
Tour 9
Tour 7
Tour 1
TROISDORF
Lohmar
SANKT AUGUSTIN
Niederkassel
Wesseling
Zündorf
Wahn
Schloss Wahn
Urbach
Grengel
Lind
Spich
Heide
Burg Wissem
Oberlar
Friedrich-Wilhelms-Hütte
Sieglar
Eschmar
Kriegsdorf
Müllekoven
Bergheim
Mondorf
Rheidt
Ranzel
Lülsdorf
Langel
Alte Mühle
Weiß
Sürth
Hahnwald
Rondorf
Meschenich
Godorf
Berzdorf
Keldenich
Urfeld
Widdig
Hersel
Buschdorf
Meindorf
Menden
Mülldorf
Niederpleis
Hangelar
Haus Völker und Kulturen
Abtei
Agger
Sieg
Rhein
röm. Hofanlage
Schloss Eichholz
Godorfer Burg
Schloss Augustusburg
Schloss Falkenlust
Schwadorf
Walberberg
Grüne Burg
Sechtem
Weiße Burg
Merten
Kardorf

⑰	37,5	In **Libur** *an der Freiheit* li., dann re. *(Hutmacherstraße)* an Kirche vorbei.
	38,5	500m nach Überquerung der ***K24*** in geteerten Feldweg nach re. bis *K23*.
⑱	40,0	Hier re. und dann li. Richtung Bahnhof. Unter den Gleisen durch, die nächste li.
❶	41,0	Ziel Bahnhof **Porz-Wahn**.

Verknüpfungen:	*an den verschiedenen Rheinfähren mit der linksrheinischen Tour 7 und im Osten mit der Tour 9*
Karten:	*ADFC-Regionalkarte Köln/Bonn 1 : 75.000 (Bielefelder Verlag), Radwanderkarte Rhein-Sieg-Kreis 1 : 50.000 (Landesvermessungsamt NRW), ADFC-Radtourenkarte Rheinland/Eifel 1 : 150.000 Blatt 15 (Bielefelder Verlag)*

Mit der **S-Bahn-Haltestelle** ❶ im Rücken, fahren wir ein kurzes Stück rechts, dann hinter einer mächtigen Eiche sofort wieder links und verlassen das Bahnhofsgelände über einen geteerten Radweg in Richtung Wahner Schloss. Vor der Schlossmauer biegen wir links in eine Kastanienallee ein.

Schloss Wahn aus der Mitte des 18. Jahrhunderts ist eine dreiflügelige Rokokoanlage. Das spätgotische Burghaus und die Vorburg stammen jedoch aus dem 14. Jahrhundert von einer mittelalterlichen Burg, deren übrige Teile dem jetzigen Schloss weichen mussten. Von der damaligen Wehrhaftigkeit zeugen nur noch die starken Mauern und der trockenliegende Wassergraben. Das heutige Schloss wurde von den Grafen von Schall erbaut und von diesen bis 1785 bewohnt. Seit 1955 befindet sich das Theatermuseum des Instituts für Theater-, Film- und Fernsehwissenschaft der Universität Köln in den Räumen des Schlosses.

Vom Schloss weg weiter auf der Allee, treffen wir am Orts-
1,5 km ende auf eine Straße, biegen in sie links ein, Unterqueren die
2,5 km **Gleise** ❷ und abermals links auf einen Asphaltweg, der kurz dar-
auf die Kreisstraße nach Zündorf kreuzt. An einer **Linde** ❸ mit-

Groov bei Zündorf

ten auf dem Feld biegen wir rechts ab nach **Zündorf** ❹ . Dort folgen wir an einer Ampel den Wegweisern »Fähre, Groov« nach rechts, nehmen die erste Möglichkeit nach links, die *Keimergasse*, kreuzen die Hauptstraße und kommen über die *Burggasse* zur Groov ❺ . 4,5 km 5 km

1009 wurde **Zündorf** erstmals erwähnt. Es stand hier eine Burg, auf deren Resten Herzog Adolf VII. von Jülich Berg 1423 eine gewaltige Zollburg errichten ließ. In den Jahren nach der Schlacht von Worringen wurde das hiesige Rheinufer Marktplatz für viele Rheinschiffer und Händler, die so das Kölner Stapelrecht umgingen. Man lud die Waren in Zündorf aus, verkaufte sie und ließ sie auf dem Landweg an Köln vorbei nach Mülheim bringen, wo sie dann wieder auf Schiffe geladen wurden.

Die Groov schützte, als sie noch Insel war, den Zündorfer Hafen vor Hochwassern und Verlagerungen des Rheins. Ein Hauptproblem der vom Hafen abhängigen Zündorfer war die Verlandung der Fahrrinne zwischen Groov und Ufer. Doch schließlich hatte sich so viel Schlamm in der Rinne angehäuft, dass selbst kleine Kähne im Sommer bei tiefem Wasserstand stecken blieben. Als die Groov zur Halbinsel wurde, kam die Abwasserproblematik in dem flachen und wenig zirkulierenden Wasser noch hinzu. Heute ist die Groov eine Erholungshalbinsel, und vom ehemaligen Hafen- und Markttreiben ist nichts mehr zu sehen.

Auf dem Platz mit zahlreichen Ausflugslokalen fahren wir schräg geradeaus, überqueren den kleinen Damm, der die beiden Altarmteile voneinander trennt, biegen nach links ab und radeln nun rheinaufwärts in Richtung Bonn.

Wir sind nun auf der Route des R 19 von Köln nach Bonn, sie ist gut beschildert und wird daher hier nur knapp beschrieben.

Eine Alternative ist, in Zündorf mit der Fähre nach Weiß überzusetzen und die Tour 7 weiterzufahren.

Entlang des Altarms Groov führt der Weg rechts an einem kleinen Pavillon vorbei, dann halten wir uns mal etwas vom Ufer entfernt, mal unmittelbar neben dem Strom. Wir können uns hier mit den Schiffen stromaufwärts messen, die ungefähr Radlertempo fahren. Und auf großen Betontafeln stehen die Stromkilometer, in **Langel** lautet die Zahl 674.

8,5 km In **Langel** ❻ verlassen wir das Rheinufer für eine Weile und biegen vor dem Café »Hütters Piccolo« und noch bevor wir »Onkel Hemmersbachs Bolzplatz« erreichen, schräg links ab und fahren leicht bergan auf den Rheindamm.

Der so genannte **Langeler Lido**, eine etwa 2 km lange Auenlandschaft vor dem Langeler Damm, war ebenso wie die Groov einst eine Insel. Wer genau hinschaut, kann die höhere Insellage noch erkennen, sogar ein Stückchen eines Altarms ist noch vorhanden.

Am Ende des Altarms führt der Weg einige Meter steil abwärts, kreuzt einen Weg, um dann sofort wieder leicht aufwärts die Höhe des Rheindamms zu erreichen.

Bis nach **Lülsdorf** führt der Radweg auf dem Damm entlang,
12,5 km zur Rechten die Auenlandschaft. In **Lülsdorf** ❼ geht es mit einer Linksbiegung in den Ort. Direkt anschließend biegen wir nach den roten Fahrradwegweisern »Niederkassel« in die *Uferstraße* ab.

Burg Lülsdorf

Die **Wasserburg Lülsdorf** lag einst inmitten von Inseln der Rheinauen und war von Wassergräben umgeben. Erbaut wurde sie etwa in der Mitte des 13. Jahrhunderts. Nach verschiedenen Umbauten setzte man sie 1702 in Flammen und nutzte sie fortan wie so häufig bei Burgen als Steinbruch. Erst im Jahre 1948 wurde die Burg auf den alten Fundamenten wieder aufgebaut.

Am südöstlichen Ende von Lülsdorf biegt unsere Route vom Rhein wieder nach links ab, in die *Burgstraße*. Eine Kurve rechts, eine links, und wir sind in der *Berliner Straße* (der K 22), die bald einen Radweg aufweist. Wir folgen nun den Wegweisern Richtung Niederkassel und Bonn: nach der **Ampel** 14,6 km
8 neben der *Feldmühlenstraße*, nach der nächsten Kreuzung
schräg rechts hinein nach **Niederkassel** **9**. Dort geht es gleich 16 km
rechts in die *Waldstraße*, von ihr links in die *Rathausstraße* und wieder den ersten Weg rechts, von wo aus wir den Rhein erreichen. Dort links ab auf den Uferradweg (Wegweisung nach Rheidt und Bonn).

Auf dem Rheindamm geht es nun über Rheidt nach Mondorf. Vorbei an einer Schiffswerft, an der T-Kreuzung in **Mondorf** **10** 22 km
rechts den Hummerich zum Rhein hinunter - mit großartigem

Blick Richtung Siebengebirge -, später durch eine für Radfahrer freigegebene Einbahnstraße gelangen wir oberhalb eines Altarmes, der als
23 km **Sportboothafen** ⓫ genutzt wird.

An der nächsten Kreuzung rechts, einen gepflasterten Weg leicht bergan, dann wird der Weg schmaler und schlechter, führt an einer Gaststätte vorbei und auf einer Brücke über die L 269 hinweg. Rechts unterhalb befindet sich ein alter Siegmündungsarm, jedoch ohne Verbindung zur heutigen Sieg.

Nach der Brücke folgen wir nach rechts weiter der Wegweisung, erst Richtung Bonn, dann Richtung Siegfähre, und auch über die nächste Kreuzung mit einer Straße hinweg. So gelangen wir an einen Damm, biegen auf ihn links ein. - Wer möchte, kann sich die **Siegfähre** und das **Siegmündungsgebiet** noch anschauen, indem er hier rechts abbiegt.

Auf dem beiderseits von Pappeln gesäumten, nicht asphaltierten Dammradweg fahren wir bis kurz vor
25,5 km **Bergheim** ⓬, wo wir rechts nach Sieglar abbiegen. Nach etwa 40 m biegen wir nochmals nach rechts, wiederum Richtung Sieglar ab.

Der Weg führt nun an einer Schranke vorbei auf der rechten Seite des Siegdammes in Richtung Sieglarer See und bald auf den Damm, den wir nun verlassen, um Richtung Sieglar weiterzufah-
29 km ren. Am nächsten Abzweig geht es links zur **Eschmarer Mühle** ⓭, die 1064 erstmals urkundlich erwähnt wurde und eine kurze Besichtigung lohnt.

Von der Mühle aus fahren wir auf eine nach Sieglar führende Allee zu, in die wir links einbiegen. Es ist die *Meindorfer Straße*.

30 km In **Sieglar** ⓮ überqueren wir den Mühlengraben und radeln auf Kopfsteinpflaster bergan an der Kirche vorbei.

Sonnenblumenfeld

Hinter dem Mühlengraben liegt zur Linken der **Sieglarer Markt**, auf dem an Markttagen ein geschäftiges Treiben herrscht.

An der T-Kreuzung hinter der Kirche geht es links auf die *Larstraße* und gleich wieder rechts in die *Rathausstraße* hinein. Da diese schon bald zur Einbahnstraße wird, umfahren wir sie halb rechts und gelangen an die *Pater-Böhmstraße*, wo wir links abbiegen (Achtung: Verkehr!).

Die nächste Möglichkeit fahren wir rechts in Richtung Kriegsdorf, hier wieder auf der *Rathausstraße*. Dieser folgen wir nach **Kriegsdorf** ⓯ , wo sie zur *Birklestraße* wird. In die *Reichen-* 31,5 km

steinstraße biegen wir nach rechts ab und folgen ihr aus Kriegsdorf
34 km heraus. Am **Kerpenkreuz** ⑯ geht es mit Radwegweisern Richtung Zündorf.

Hier in der weiten **Rheinebene** zwischen Bonn und Köln, die sich ebenso auf der anderen Seite des Rheins erstreckt, lassen sich auf den Schwemmböden alle Getreidesorten, Rüben und Gemüse mit guten Erträgen anbauen. Der Steigungsregen des Bergischen Landes sorgt für ausreichende Niederschläge. Ein anderes Schwemmprodukt des Rheins wird hier auch wirtschaftlich genutzt: Kiese und Sande werden in Gruben abgebaggert.

Zur Linken liegt eine in ein Naturschutzgebiet umgewandelte Kiesgrube. In Stockem überqueren wir die L 269 und fahren weiter in Richtung Zündorf.

Die Feldflur rund um **Libur** ist durch bedrohliche Monotonie charakterisiert. Das hat auch die Stadt Köln erkannt und beschlossen, in den nächsten Jahren mehr Hecken- und Feldgehölze zu pflanzen. Daneben sollen einige Flächen extensiv genutzt werden, um dem Boden die Möglichkeit zu geben, sich von der jahrelangen Überdüngung zu erholen, denn der Nitratgehalt des Trinkwassers war schon bedenklich gestiegen.

37,5 km In **Libur** ⑰ fahren wir *An der Freiheit* links und dann die nächste rechts *(Hutmacherstraße)* an der Kirche vorbei. Wir folgen nun wieder den Radwegweisern mit grüner Schrift nach Zündorf, überqueren die K 24, biegen nach etwa 500 m in den ersten asphaltierten Feldweg nach rechts ein und fahren diesen

Rheinaltarm

an einer Kiesgrube vorbei bis zur K 23 von Zündorf nach Wahn. Hier biegen wir rechts ab und an der folgenden Kreuzung links in Richtung **Bahnhof** 18 . Unter den Gleisen hindurch, die nächste links, und wir sind wieder am Ausgangspunkt unserer Reise durch das flache Land zwischen Groov und Sieg 1.

40 km

41 km

Wald und Heide am Flughafen

Rösrath - Königsforst - Refrath - Rath - Grengel - Wahner Heide - Spich - Lohmar - Rösrath

Der Königsforst und die Wahner Heide sind die Ziele dieser landschaftlich sehr schönen, abwechslungsreichen Tour ohne wesentliche Steigungen. Die beiden uralten Landschaftstypen gehen etwa in der Mitte der Route ineinander über und bilden einen für das Rheinland einzigartigen, unter Naturschutz stehenden Lebensraum für zahlreiche Tiere und Pflanzen. Wir starten in Rösrath im Tal der Sülz und radeln von dort aus in den Wald hinauf. Nach einer langen Waldpassage geht es parallel zum Mauspfad hinunter nach Troisdorf im Süden der Route und von dort aus durch das militärische Sperrgebiet an Agger und Sülz entlang. Die ursprünglichen Flusslandschaften Agger und Sülz sind ein besonderes Erlebnis, und der Radweg führt uns oberhalb der Ufer bis nach Altenrath, von wo aus wir abermals durch die Heide nach Rösrath zurück gelangen.

Start und Ziel:	*Bahnhof Rösrath (459)*
Streckenlänge:	*46 km*
Streckenprofil:	*leicht bergig, aber nicht schwer, familienfreundlich, denn die vorhandenen Steigungen sind recht kurz. Vor Altenrath befindet sich die längste Steigung.*
Wegebeschaffenheit:	*überwiegend asphaltierte Wegstrecken, meistens auf Wirtschaftswegen und wenig befahrenen Straßen. Im Königsforst führt die Tour über fahrradtaugliche Waldwege.*
Sehenswürdigkeiten:	*Kettners Weiher, Waldlehrpfad. Wildgehege, Burg Rath, Gut Leidenhausen, Burg Wissem in Troisdorf*
Gaststätten:	*»Waldfrieden« (Brück), »Forsthaus Telegraph« (Troisdorf Spich, etwas von der Strecke entfernt), zahlreiche Gaststätten in Rösrath*
Verknüpfungen:	*in Wahn mit der Tour 8*

Burg Wissem in Troisdorf

Die Tour auf einen Blick

Nr	Km	Beschreibung
1	0	Mit dem Bahnhof **Rösrath** im Rücken re. zur Hauptstr. und wieder re., vor der Ampel re. steil bergauf in den *Gerottener Weg*. Nach Kuppe in Wald (Waldwegweiser Forsbach)
2	3,5	***L170*** überqueren.
3	7,0	Nach Schutzhütte kommt **Kreuzung** (Bank) mit größerem Weg. Hier li., an nächster Gabelung li. und leicht bergab über Bach
4	8,5	zum **Kettners Weiher**. Hinter Weiher über Bach weiter bis zur
5	11,0	***L358***. Hier li. und nach 200 m über die Straße zum Parkplatz und von dort in Wald bis Siedlung, hier li. *Am Wildwechsel.*
6	13,5	Kurz vor Wald hinter **Schlagbaum** re. Nach Abfahrt li. auf *L73* und nach etwa 100 m re. in *Kleinfeldchensweg*. Am Ortsende von **Brück** li. und Wegweiser »Friedhof« folgen *(Lehmbacher Weg)*.
7	15,5	An *Lützeratherstr.* in **Rath** re. und an *L284* li. *Rather Schulstraße* nach re., nach Autobahn li. in *Auf der Bitze*
8	17,0	An ***Eiler Straße*** *(L358)* re. Auf Radweg in Wendehammer und li. über Autobahn.
9	19,5	Von *Heumarer Straße* li. in ***Jägerstraße***. In Sackgasse und wieder über Autobahn weg. Hinter Autobahn re. und an Parkplätzen vorbei in Park. Zweiten Weg li. und vor Pferderennbahn re.
10	21,0	Abzweig **Gut Leidenhausen**.
11	21,5	Hinter **Rennbahn** dem Radwegzeichen nach li. folgen durch Tunnel unter Flughafenautobahn in Richtung Lind/Wahn Heide/Grengel. Geradeaus über *Waldstraße* in *Wiesenweg* und in Wald. Über *Hermann-Löns-Str.* zwischen Pfählen durch auf Waldweg.
12	24,5	Mit Weg li. und in 2. Straße re. *(**Magazinstraße**)*. Im Kreisverkehr re. und Radwegweiser nach li. folgen Richtung Troisdorf-Spich. Weiter und am Ende li.; nach 50 m re. in *Linder Weg* (Radwegweiser).
13	26,0	Am ***Viehtrifft*** li., nächste Straße re. Auf asphaltiertem Weg an Hecke vorbei und über Pfad in Gewerbegebiet. Zwischen Lagerhallen durch und an Ende nach li.

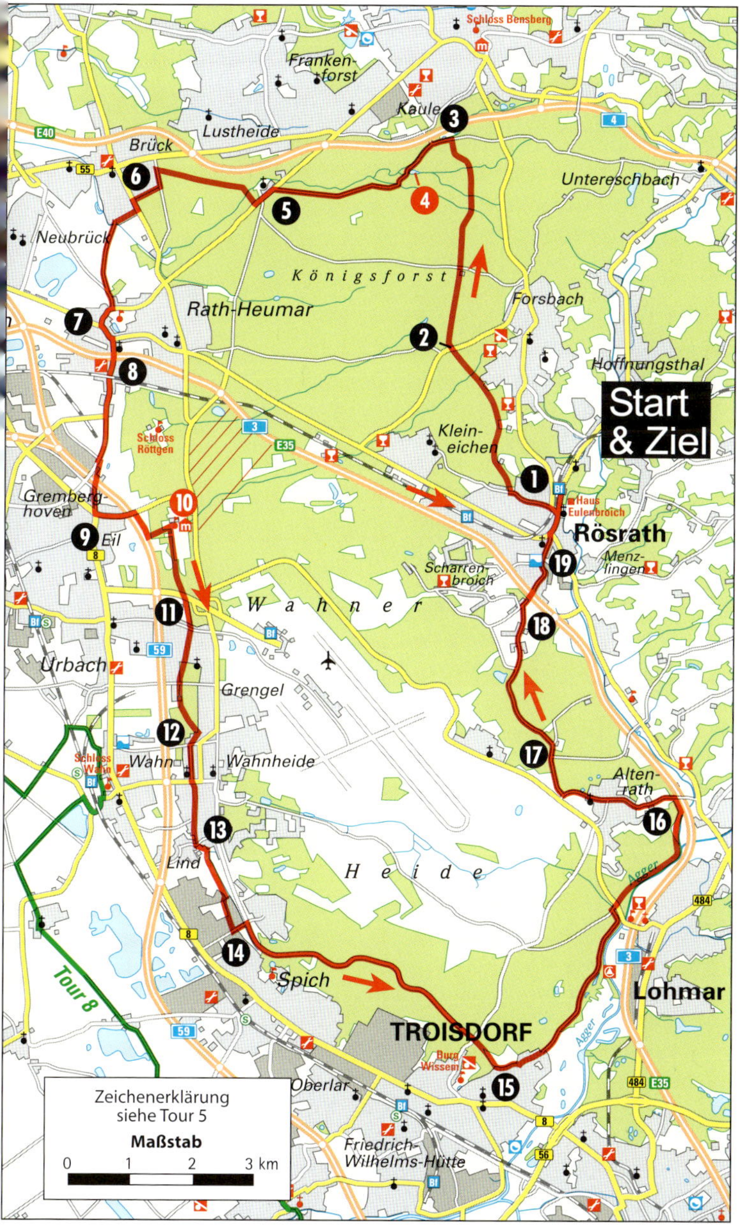

Zeichenerklärung siehe Tour 5

Maßstab

0 1 2 3 km

14	28,0	An *K20 (Mauspfad)* auf Radweg re. Nach Unterquerung der Straße li. Richtung **Wahner Heide**, dann re. der Straße im Wald auf Radweg bergan. An Parkplatz re. (Wegweiser) und später re. Richtung **Leyenweiher**.
15	33,0	Bergab an **Friedhof** vorbei und auf Straße weiter. An Ampel li. in *Taubengasse*, dem Radwegweiser Aggerstadion folgend. Hinter **Aggerstadion** geradeaus in Wald (Richtung Rösrath).
16	38,5	An *L84* li. bergauf nach Altenrath. Im Kreisverkehr in **Altenrath** geradeaus in *Flughafenstraße* und aus dem Ort. Re. in *Hasbacher Straße*.
17	41,5	An Kreuzung im **Wald** li.
18	44,0	In **Hasbach** re. und über Autobahnbrücke nach Rösrath hinunter. Unten im Tal der **Sülz** li. zum Zentrum von **Rösrath**.
19	45,5	An Ampel geradeaus an Geschäftspassagen vorbei in Richtung Kirche. Nach 200 m li. bergauf in *Bensberger Straße* und über Bahngleise.
1	46,0	Re. zum Bahnhof **Rösrath**.

Karten: *ADFC-Regionalkarte Köln/Bonn 1 : 75.000 (Bielefelder Verlag), Radwanderkarte Rhein-Sieg-Kreis 1 : 50.000 (Landesvermessungsamt NRW), ADFC-Radtourenkarte Rheinland/Eifel 1 : 150.000 Blatt 15 (Bielefelder Verlag)*

Mit dem Bahnhof von **Rösrath** (1) im Rücken fahren wir nach links und biegen an der T-Kreuzung nach rechts in den *Gerottener Weg* ab. Es geht nun sofort bergauf, und nach der Kuppe müssen wir Acht geben, um den Weg nach Forsbach rechts in den Wald hinein nicht zu verpassen. Ein grüner Waldwegweiser zeigt den Weg an.

3,5 km Wir überqueren die ***L170*** (2) nach Bensberg und fahren im Wald weiter. Nach einem Stück mit etwas schlechter Wegoberfläche wird der Weg danach wieder glatt. An einer Lichtung mit einer Bank unter einer Kastanie fahren wir weiter geradeaus,
7,0 km und an einer Schutzhütte vorbei gelangen wir an eine **Kreuzung** (3) mit einer Bank unter einer Kastanie. Hier links.

Aggerblick

An der nächsten Gabelung halten wir uns wiederum links und gelangen leicht bergab über einen Bach hinweg zum **Kettners** 8,5 km
Weiher ❹.

Mitten im Wasser des Weihers können aufgrund der guten Qualität neben vielen Fischen auch Flusskrebse leben. Man findet sie ebenso in dem den Weiher speisenden Bach. Wer Glück hat, kann hier Fisch- oder Graureiher beobachten.

Königsforst: 300 ha groß, einst Bannwald, dann unter Napoleon von Raubbau betroffen, wird heute der reichliche Nadelwald mehr und mehr durch Laubhölzer ersetzt.

Hinter dem Weiher überqueren wir abermals den Bach, radeln einige längere gerade Stücke, überqueren eine asphaltierte Waldstraße und gelangen dann an die ***L358*** **❺**. Hier 11 km
geht es nach links auf den Radweg, nach etwa 200 m über die Straße hinweg auf den Parkplatz und von dort in den Wald hinein. Wir folgen dem Schild »Waldlehrpfad/Wildgehege Brück«, nun auf einer kleinen Brücke über einen Bach und nach dem leichten Anstieg am Schlagbaum vorbei geradeaus.

Zur Linken am Weg liegt nun der Waldlehrpfad. Bald kommt auch der Haupteingang zum Wildgehege mit einer Tafel zu den Verhaltensregeln im Gehege.

Auf etwa 50 ha Wald ist der **Wildpark Brück** beheimatet, ein eingezäuntes Areal, in dem Wanderer dem Wild frei begegnen können. Hier leben mandschurische Dybowski-Hirsche, die gegenüber dem Damwild nicht so handzahm werden und den Baumbestand weniger schädigen. Im Sommer sind diese Hirsche gefleckt und im Winter dunkel. Ebenso bevölkern Wildschweinrudel das Gehege, und es wird davor gewarnt, Nahrungsmittel in Taschen mitzubringen, denn die Schweine wittern dies und versuchen, sich eine Mahlzeit zu verschaffen. Über 40 Vogelarten brüten in dem Areal. Am Haupteingang des Parks beginnt der 700 m lange **Waldlehrpfad**, der über 100 Baum- und Straucharten zeigt. Auf den Erläuterungstafeln findet man alles Wissenswerte darüber.

Wir radeln weiter am Schlagbaum vorbei und biegen links auf die Straße *Am Wildwechsel* ab. Kurz bevor es wieder in den Wald hinein geht, biegen wir abermals hinter einem
13,5 km **Schlagbaum** ❻ nach rechts ab.

Nach einer kurzen steilen Abfahrt gelangen wir auf die *L73* nach Rath-Heumar, biegen hier links ab und nach etwa 100 m schon wieder rechts in den *Kleinfeldchensweg*. Am Ortsende von **Brück** geht es links gemäß dem Wegweiser in Richtung Friedhof auf die Felder hinaus.

Vor einer Eiche fahren wir links und nicht in den kleinen Weg
15,5 km nach rechts. Der *Lützenrather Str.* in **Rath** ❼ folgen wir dann nach rechts.

Gegenüber sehen wir den Park von **Burg Rath**: Im 16. Jahrhundert eine stolze Wasserburg der Herren von Lützerode zu Rath, geriet sie Anfang des 19. Jahrhunderts an die Freiherren von Geyr und brannte einige Jahre später ab. Die einstigen Wassergräben sind heute trocken, nachdem der sie speisende Selbach 1872 zum Merheimer Bruch umgelegt wurde. Sehenswert ist die Kastanienallee von der achteckigen Barockkapelle von 1741 zum Schloss.

Die Route folgt der Straße mit einigen Kurven bis zur *L284*. Hier biegen wir nach links ab und nehmen die erste Straße nach rechts. Auf der *Rather Schulstraße* (Einbahnstraße) fahren wir weiter über die Bahn weg und unter der Autobahn hindurch.

Im Königsforst

Das alte, unter Denkmalschutz stehende **Fachwerkhaus** wurde Mitte des 19. Jahrhunderts in Troisdorf erbaut, Ende des 19. Jahrhunderts in Einzelteile zerlegt und an dieser Stelle wieder aufgebaut. Nach einer umfassenden Restaurierung 1992 erscheint es nun wie neu.

Nach einer S-Kurve biegen wir nach links in die Straße *Auf*
17 km *der Bitze* ab. An der ***Eiler Straße*** *(L358)* 8 nach rechts. Hier gibt es keinen direkten linksseitigen Radweg, jedoch sollte man ab der Einfahrt zum Schloß Röttgen links an der Mauer entlang fahren. Wir bleiben auf dem Radweg und überqueren die ICE/S-Bahntrasse zum Flughafen, halten uns an der Kreuzung links und gelangen in einen Wendehammer, den wir links verlassen, um die Autobahn zu überqueren. Auf der anderen Seite folgen wir der *Heumarer Straße* und biegen kurz vor deren Mündung auf eine
19,5 km größere Straße in die ***Jägerstraße*** 9 ein. Zur Rechten ist eine kleine Grünanlage. Weiter geradeaus und in die Sackgasse hinein. Nach einem kleinen Rad- und Fußweg auf der Straße links und abermals über die Autobahn weg.

Hinter der Autobahn gleich wieder rechts und am Parkplatz vorbei in einen Park. Hier steht auch ein Radwegweiser mit der Richtung Gut Leidenhausen.

Wir nehmen den zweiten Weg nach links und kommen an einer schönen Freizeit-Abenteueranlage vorbei mit Beachvolleyballfeldern und Klettergerüsten für Kinder. Am Ende des Weges fahren wir vor der Pferderennbahn rechts.

21 km Wenn wir hier links fahren, gelangen wir zum **Gut Leidenhausen** 10, dem »Haus des Waldes« mit Greifvogelzentrum und Wildgehege. Die heutige Hofanlage stammt von 1803 und wurde 1964 mit den Ländereien durch die Stadt Köln gekauft.

Im »Haus des Waldes« findet man Ausstellungsstücke und Schaubilder zu Themen wie Lebensraum Wald, Ökologie und Geschichte des Waldes und Kölner Waldgeschichte. Hinter den Scheunen befindet sich ein weiteres Museum, das Obstmuseum. Über 60 regionale Obstsorten, die sich früher großer Beliebtheit erfreuten, aber nicht mehr angebaut werden, wachsen hier und werden so vor dem Verschwinden bewahrt.

In der Greifvogelstation werden kranke oder verletzte Greifvögel sowie Jungvögel wieder aufgepäppelt, um sie dann in die Freiheit entlassen zu können. Mäusebussard, Turmfalke und Habicht kann man fast immer sehen, seltenere Arten nur gelegentlich.

Zwei Adler sowie viele Eulen, darunter ein Uhu, und Käuze sind in anderen Volieren zu beobachten. In der Fasanerie sind Fasane, Rebhühner, Wachteln und andere Vögel untergebracht. Daneben gibt es auch noch zwei Wildgatter: eins für Wildschweine, eins für Rothirsche und Rehe. Vor allem für Kinder ist der Besuch von Gut Leidenhausen also ein großes, lehrreiches Erlebnis.

Hinter der **Rennbahn** ⓫ folgen wir dem Weg und errei- 21,5 km
chen eine geschwungene Brücke über die Flughafeneisenbahn, steuern nach links und fahren bald rechts in Richtung Lind/Wahn Heide/Grengel. Etwas später überqueren wir eine große Straße und fahren geradeaus in den *Wiesenweg* hinein, dann in den Wald.

Auch nach der folgenden Querstraße heißt unser Weg immer noch Wiesenweg, durchquert aber keine Wiesen. An dessen Ende geht es links zwischen den Pfählen hindurch und sofort wieder rechts über den Reitweg auf einen Waldweg. Rechts ist ein Fußballplatz. Wir folgen dem Weg nach links, biegen die zweite
Straße nach rechts ab ***(Magazinstraße)*** ⓬ bis zu einem Kreis- 24,5 km
verkehr, dort rechts und dann dem Radwegweiser nach links (abknickende Vorfahrt) in Richtung Troisdorf-Spich folgend.

Auf der Straße weiter und an deren Ende nach links ab, geht es nach 50 m wieder rechts vor der Stadtsparkasse in den *Linder Weg*, der zunächst nur ein Fußgängerweg ist. An der nächsten
größeren Straße – dem ***Viehtrifft*** ⓭ – fahren wir links und die 26 km
nächste Straße nach rechts, gelangen auf einen asphaltierten Weg außerhalb der Ortschaft, der sich entlang einer Hecke schlängelt. An dessen Ende geradeaus weiter und über den schmalen Pfad in ein Gewerbegebiet. Wir folgen der Straße zwischen den Lagerhallen hindurch und biegen an ihrem Ende nach links ab. Es geht leicht bergan, und an der *K20 (Mauspfad)* nehmen wir den gegenüberliegenden Radweg nach rechts in
Richtung **Wahner Heide** ⓮ . 28 km

Unter der Straße durch halten wir uns links in Richtung Wahner Heide und fahren danach auf dem Radweg rechts der Straße im Wald leicht bergan. Der Radweg wird bald zum Schotterweg und entfernt sich immer mehr von der Straße. Schließlich fahren wir auf einem Parkplatz den Wegweisern folgend nach rechts an einem Zaun entlang und später an einem Schlagbaum vorbei bergauf. Oben biegen wir nach rechts in Richtung Leyenweiher ab und fahren über die nächste Straße hinweg.

Blühende Obstbäume im Sülztal

Nach rechts hinunter geht es zur **Burg Wissem** in Troisdorf. Die im 13. Jahrhundert erstmals erwähnte ehemalige Wasserburg Wissem war einst Sitz der Ritter von »Truhtesdorf«. Das zweieinhalbgeschossige Herrenhaus hat einen das Gebäude überragenden Eckturm. Von den Wassergräben ist nur ein kleiner Weiher übrig geblieben. Der schöne weitläufige Park ist gleichzeitig Wildpark. Im Herrenhaus befindet sich seit 1982 das Kinderbuchmuseum mit vielen Bilderbüchern.

Wir radeln weiter bergab auf dem Radweg im Wald an
33 km einem **Friedhof** ⓯ vorbei. Der Radweg endet, und es geht
auf der Straße weiter.

An der nächsten Ampel nach links in die *Taubengasse* (Radwegweiser »Aggerstadion«) und hinter dem Stadion geradeaus in den Wald hinein (Richtung Rösrath).

Da die belgischen Truppen in der Zwischenzeit abgezogen sind, steht die Wahner Heide seit Oktober 2003 wieder der Öffentlichkeit zur Verfügung. Bitte beachten Sie jedoch spezielle Hinweistafeln, die die Benutzung in einer Übergangsphase regeln. Auf dem zunächst noch asphaltierten Weg geht es erst durch einen wunderbaren Altwaldbestand, dann folgen ein kurzes Stück Heide und danach die Auwälder der Agger. Schließlich fahren wir hoch über der Agger, bis der Weg auf eine Straße mündet. Diese wird überquert und auf der anderen Seite geht es weiter entlang der Agger. Dieser Weg ist noch schöner als der vorherige, und wir haben einen wunderbaren **Blick auf die Landschaft** von Agger und Sülz, denn schon bald gelangen wir an die Mündung der Sülz, der wir flussaufwärts folgen.

An der *L84* oberhalb der Autobahnbrücke biegen wir links
38,5 km bergauf nach **Altenrath** ⓰ ab. Im Kreisverkehr in Altenrath fol-
gen wir geradeaus der *Flughafenstraße* bis aus dem Ort hinaus.
Kurz bevor die große Schnellstraße erreicht wird, biegt die
Route nach rechts in die *Hasbacher Straße* in Richtung Hasbach
41,5 km ein. An der Kreuzung im **Wald** ⓱ biegen wir links ab nach Hasbach.
Als nächstes steht Heidelandschaft auf dem Programm.

Der **Flughafen Köln/Bonn** hat in der letzten Zeit einen beispiellosen Aufschwung erlebt. Im Jahr 2007 werden rund 10,5 Mio. Passagiere und 719.000 t Luftfracht abgefertigt. Mit mehr als 11.000 Arbeitsplätzen gehört der Flughafen mit der Flughafengesellschaft als größtem Unternehmen und allen Firmen und Behörden zu einem der größten

Natur pur im Königsforst

nd wichtigsten Arbeitgeber der Region.

Etwa 10 km lang nd 4 km breit ist die **Vahner Heide**, eines er größten zusammenhängenden Heidegebiete in Nordrhein-Vestfalen. Von diesen 000 ha sind heute 000 ha als militärisches Sperrgebiet nicht ugänglich, über 2300 a bilden eines der rößten Naturschutzgebiete im Rheinland. - Bis in das 19. Jahrundert nur als Weideland genutzt mit Torfabbau an einigen Stelen, gerieten zunächst 100 ha an den preußischen Staat. Aus einem chießplatz wurde bis 1914 ein Truppenübungsplatz, der fast die geamte Heide beanspruchte. Nach dem Zweiten Weltkrieg übernahmen die belgischen Streitkräfte das Gelände, und im Norden bauen die Engländer einen Militärflugplatz, aus dem sich der heutige lughafen entwickelte.

In diesem Naturschutzgebiet gedeihen viele Pflanzenarten, die n Rheinland nur hier vorkommen, und das aufgrund des reichlichen latzes in ansehnlichen Beständen: so Sonnentau und Schlangenurz. Fast 100 Pflanzenarten der roten Liste des Landes sind in den euchten Senken und auf den trockenen Dünenböden zu finden.

Auch sehr seltenen Vogelarten bietet die Heide einen Lebensaum: Schwarzkehlchen, Neuntöter in sicheren Beständen, Baumalke, Wespenbussard und Pirol seltener, Wendehals in einem der tzten Vorkommen in Nordrhein-Westfalen; doch der Wiedehopf ist uch hier leider ausgestorben.

In **Hasbach** ⓲ halten wir uns rechts und fahren über die Autobahnbrücke nach **Rösrath** hinunter. Im Tal der Sülz fahren wir links in das Zentrum von Rösrath und an der Ampel ⓳ geradeaus an den Geschäftspassagen vorbei in Richtung Kirche. Nach etwa 200 m biegen wir nach links bergauf in die *Bensberger Straße* (Autowegweiser in Richtung Bergisch Gladbach) ab und überqueren die Bahngleise. Nun nur noch nach rechts und schon sind wir zurück am Ausgangsort **Bahnhof Rösrath** ❶.

44 km
45,5 km
46 km

Auf und nieder immer wieder: Altenberger Dom und Dhünn

Leverkusen - Odenthal-Blecher - Altenberger Dom - Dhünntalsperre - Neschen - Voiswinkel - Schildgen - Manfort - Leverkusen

Das abschnittsweise wildromantische Tal der oberen Dhün gehört sicherlich zu den schönsten Gebieten, die in dieser Führer beschrieben werden. »Auf und nieder ...« deute schon an, dass es wohl einige Höhenmeter zu überwinden gibt, di Tour bleibt jedoch immer noch für jedermann – und jede Frau – z bewältigen.

Von Leverkusen über Blecher fahren wir zum Altenberger Dom einem bekannten Ausflugsziel im Kölner Raum. Über das Dhünn tal erreichen wir die Talsperre und danach den Bömberg. Auf der Rückweg bei Voiswinkel und Schildgen kommen wir durch Wälde und entlang naturnahen Kiesgruben bis nach Leverkusen. Zahlre che Gaststätten am Wegesrand laden zu einer Pause ein.

Start und Ziel:	*S-Bahnhof Leverkusen-Mitte*
Streckenlänge:	*43 km, verkürzt 30 km*
Streckenprofil:	*anspruchsvoll mit Bergen vor Blecher der Dhünntalsperre, Neschen und Voiswinkel. Bei der kürzeren Route braucht man nur den Anstieg nach Blecher sowie den nach Voiswinkel zu bezwingen.*
Wegebeschaffenheit:	*überwiegend asphaltierte Wegstrecken auf Wirtschaftswegen und schwach befahrener Straßen*
Sehenswürdigkeiten:	*Schloss Morsbroich, Altenberger Dom, Märchenwald, Dhünntal, Dhünntalsperre, Burg Strauweiler*
Gaststätten:	*»Jägerklause«, »Restaurant Angerhausen« (vor Hahnenblecher), »Torschänke«, »Altenberger Hof«, »CafeRestaurant zum Felsenkeller« (alle in Altenberg), »Gaststätte Schwind« (Neschen)*

Radler in Leverkusen

Die Tour auf einen Blick

Nr	Km	Beschreibung
1	0	S-Bahnhof **Leverkusen-Mitte** parallel zu Gleisen in Richtung Norden (Düsseldorf) verlassen, 1. Möglichkeit re., unter Bahn durch und li., über **Dhünnbrücke** re. in Richtung Altenberger Dom.
2	3,5	Vor **Bayer-Kaufhaus** re. und an Hecke li. zur **Gezelin-Kapelle**. Hinter Kapelle li. in Wald hinein. Auf leicht ansteigendem *Grünen Weg* und schräg li. auf *Heinrich-Lübke-Straße* bis Ampel.
3	6,0	Hier li. und an nächster Ampel re. in Richtung Altenberg. In Re.kurve der *Theodor-Adorno-Straße* geradeaus in den Weg durch Wiese und an nächster Straße li. Etwa 150 m weiter re. in *Festen Weg*.
4	8,0	Über die Straße und auf Schotterweg über nächste Straße, nach **Ropenstall**, li. und in lang gezogener Re.kurve hinunter in Tal.
5	9,5	Im **Tal** den Wegweisern folgend re. in Richtung Altenberg. Bis zur *B51*, hier li.
6	10,5	Hinter Restaurant re. nach **Hahnenblecher** (Richtung Altenberg).
7	11,5	In **Blecher** an T-Kreuzung li. in *Gartenstraße* bis *L310*, re.
8	13,5	In letzter Kurve auf Abfahrt hinter Brücke Wegweiser »Altenberg« nach re.
9	14,0	**Altenberg** auf Kopfsteinpflasterallee am Dom vorbei verlassen und am Ende re. Abzweig **Märchenwald**. An *L101* li.
10	15,0	Hinter Wanderparkplatz am **Schöllerhof** re. in Wirtschaftsweg zur **Dhünntalsperre**. Nach Überquerung der Dhünn im Wald li. (zwischen zwei Torpfosten durch). Sofort hinter nächster Brücke re. an Haus vorbei wieder in Wald. An Kreuzung geradeaus (halbre.) und durch Tor und über Brücke.
11	19,0	An Straße li. bergauf. Kurz vor Lindscheid durch offene Fußgängertor nach re. in Talsperrengelände über **Staumauer**. Waldweg nach re. bergan. An Kreuzung im Wald geradeaus in Richtung **Bömberg**/Kochshof, über Brücke weg und am Wegweiser nach Altenberg li. nach Bömberg.

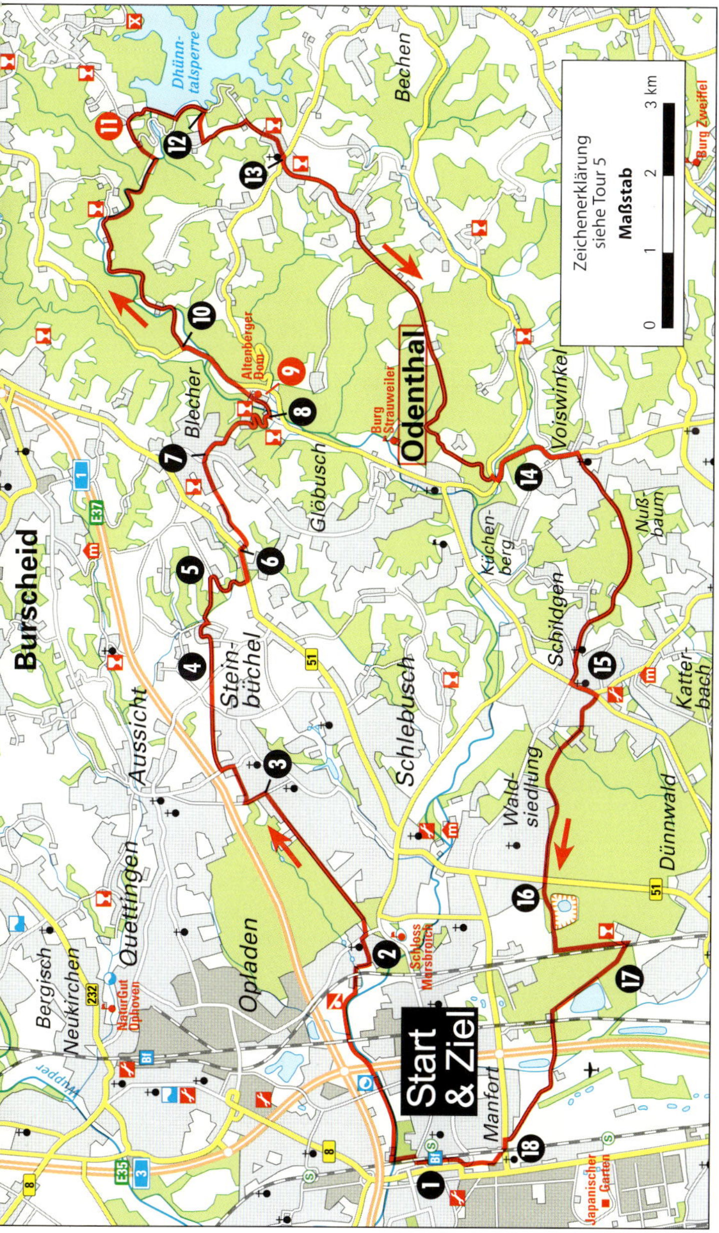
Start & Ziel
Burscheid
Dhünn-talsperre
Bechen
Altenberger Dom
Blecher
Glöbusch
Burg Strauweiler
Odenthal
Voiswinkel
Küchenberg
Nußbaum
Schildgen
Katterbach
Steinbüchel
Schlebusch
Aussicht
Quettingen
Opladen
Bergisch Neukirchen
NaturGut Ophoven
Schloss Morsbroich
Waldsiedlung
Dünnwald
Manfort
Japanischer Garten
Wupper
Burg Zweiffel
Zeichenerklärung siehe Tour 5
Maßstab
0
1
2
3 km

(12) 21,5 Neben **Scheune** li. und auf Bergkuppe.

(13) 22,5 In **Neschen** re. und sofort wieder li. in Richtung Odenthal.

(14) 28,0 An ***L296*** nach re. und an *Bergisch Gladbacher Straße* li. In **Voiswinkel** 2. Straße re. *(St.-Engelbert-Straße).*

(15) 33,5 In **Schildgen** an *L101* li. und 1. Straße *(Schlagbaumweg)* re. An Kreisverkehr re. und Fahrradwegweisern Richtung Leverkusen folgen in Wald. An Kreuzung im Wald re. versetzt geradeaus.

(16) 36,5 Überqueren der ***B51*** und geradeaus wieder in Wald. Am Ende li. und an Kiesgrube vorbei. Bahnlinie folgen und überqueren.

(17) 38,0 Hinter **Bahn** schräg re. und wiederum re. An Kiesgrube vorbei bis zur Straße, li. über Gleise und *A3*, an **Flugplatz** vorbei.

(18) 41,5 An großer Straße li. und Wegweisern nach re. »Leverkusen-Mitte« folgen. Über *Manforter Straße* und auf dem Radweg nach li. weiter. Hinter der Kurve den Wegweisern nach re. an der Post vorbei zum

(1) 43,0 **S-Bahnhof.**

Karten:	*ADFC-Regionalkarte Köln/Bonn 1 : 75.000 (Bielefelder Verlag), Naturparkkarte Kottenforst 1 : 50.000 (Landesvermessungsamt NRW), ADFC-Radtourenkarte Rheinland/Eifel 1 : 150.000 Blatt 15 (Bielefelder Verlag)*

Die Tour beginnt am S-Bahnhof in **Leverkusen-Mitte** (1), den wir parallel zu den Gleisen in Richtung Norden (Düsseldorf) verlassen. Es geht die Kurve hinunter, sofort die erste Möglichkeit nach rechts, unter der Bahnlinie hindurch und dahinter gleich wieder links. Nun kommen wir auf einem Radweg an die Dhünnbrücke, überqueren sie, und biegen hinter der Brücke nach rechts in Richtung Altenberger Dom ab, halten uns links der Dhünn flussaufwärts an den Leichtathletikanlagen von Bayer Leverkusen und dem Fußballstadion vorbei. Auf Höhe des Stadions fahren wir unter der Verkehrsstraße hindurch, wozu wir zuvor schräg rechts nach unten abbiegen.

Schloss Morsbroich

Erneut unter einer Brücke durch folgen wir weiter den Radwegweisern in Richtung Altenberger Dom. Wir bleiben auf dem Weg, fahren unter der Bahnlinie durch und kommen auf die *Wilhelm-Leuschner-Straße*, die an einem Teich zur Linken vorbei führt. Etwas abseits der Strecke liegt Schloss Morsbroich (Ausschilderung).

Schloss Morsbroich, 1225 erstmals erwähnt, lag am einst sumpfigen Ufer der Dhünn. Ein Ritter Moir und 100 Jahre später ein Amtmann Johann Moir von den Broiche werden als erste Besitzer genannt. Es folgten viele Besitzerwechsel, darunter 1619 an den Deutschen Orden und 1805 an Napoleons Schwager Felix Murat, der von hier aus für kurze Zeit die neue Grafschaft Morsbroich regierte. Aus französischer Hand gingen Schloss und 900 (!) qkm Anwesen erst an einen Bankier, dann einen Textilindustriellen, ehe es 1974 die Stadt Leverkusen erwarb. Nach schweren Zerstörungen im Zweiten Weltkrieg wurde das Schloss renoviert und zu einem Museum umfunktioniert: mit einer umfangreichen Sammlung moderner Kunst, auch zahlreichen Skulpturen. In dem angegliederten Restaurant und Biergarten ist für das leibliche Wohl gesorgt.

3,5 km Vor dem **Bayer-Kaufhaus** ❷ biegen wir nach rechts ab und überqueren die Straße an der nächsten Ampel. Auf dem linksseitigen Radweg geht es nun an einer Hecke vorbei nach links zur

Gezelin-Kapelle, die im 15. Jahrhundert zum ersten Mal als Heiligenhäuschen über der Gezelin-Quelle erwähnt wurde. Der Neubau 1959 überdacht heute die Quelle und dient als kleines Gotteshaus.

Hinter der Quelle halten wir uns schräg links und fahren auf dem geraden Weg in den Wald hinein, weiterhin den Wegweisern »Altenberger Dom/Lützenkirchen« folgend. Nach dem Wald gelangen wir auf den leicht ansteigenden *Grünen Weg*, an dessen Ende wir nach links auf die *Heinrich-Lübke-Straße* abbiegen, der wir bis an die Ampel folgen. Hier geht es auf dem ge-
6 km genüberliegenden Radweg wieder links ❸ und an der nächsten Ampel nach rechts.

Wir fahren in der Rechtskurve der *Theodor-Adorno-Straße* geradeaus in den Weg durch die Wiese und biegen an der nächsten Straße wieder nach links ab, etwa 50 m weiter dann rechts in den *Festen Weg* nach Altenberg. Hier geht es noch einmal bergauf, oben auf den Feldern geradeaus und an den Hochhäusern zur Rechten vorbei. Über die Straße und auf dem Schotterweg weiter bis zur nächsten Straße, über sie nach **Ro-**
8 km **penstall** ❹, einen kleinen Ort, der noch zu Leverkusen gehört.

In Ropenstall biegen wir nach links ab und folgen dem Verlauf der Straße in einer lang gezogenen Rechtskurve hinunter in
9,5 km ein kleines Tal. Im **Tal** ❺ geht es dann halb rechts in Richtung Altenberg auf einem Schotterweg leicht bergan.

Wir gelangen an eine Fahrstraße, die wir nach rechts weiterhin bergan einschlagen. Diese führt uns auf die *B51*, wo wir nach links auf den gegenüberliegenden Radweg abbiegen und weiter bergauf fahren. Hinter dem Restaurant fahren wir rechts nach
10,5 km **Hahnenblecher** ❻ (Richtung Altenberg). In **Blecher** ❼ biegen
11,5 km wir an einer T-Kreuzung nach links auf die *Gartenstraße* ab und folgen dieser durch eine Rechtskurve hinauf zur *L310* in Blecher, wo es dann nach rechts weiter geht. Achtung: In Blecher stehen keine Radwegweiser mehr!

13,5 km In der letzten Kurve der Abfahrt ❽ hinter der Brücke folgen wir dem Wegweiser in Richtung Altenberg nach rechts und auf dem Radweg angekommen wieder rechts unter der Landstraße ıindurch nach Altenberg hinein. An den Parkplätzen und etlichen Gaststätten vorbei geht es geradeaus zum

Altenberger Dom

ltenberger Dom 9: raf Adolf II. von Berg eß aus dem südfranösischen Kloster Moriıont im August 1133 e ersten 12 Mönche nter Abt Bruno hierer kommen, um ein isterzienserkloster zu rrichten. 1255 legte raf Adolf IV. von Berg en Grundstein für den eutigen Dom. Über 7 m lang, 19 m breit nd 28 m hoch ist er eworden, und 1386 urden das Gewölbe nd das große Westenster vollendet. Experten sehen sowohl nklänge an den Köler Dom als auch an anzösische Kathedraen, beispielsweise die in Longpont. Das Kloster wurde 1803 säkurisiert, aufgelöst, die Besitzungen verkauft, 1815 brannte dieAnge sogar ab. Nur das Eingangsportal und die Markuskapelle aus em 13. Jahrhundert blieben erhalten. Aber 1833 begann man auf nordnung des preußischen Königs, die Kirche und andere Geäude wieder aufzubauen.

Nahe dem Dom am Bülsberg liegen die Reste - 1855 entdecke man ihren Müllplatz - der alten **Burg Berge**. Sie war seinerzeit tammburg der Grafen von Berg, wurde aber schon von Adolf II. ugunsten eines neuen Sitzes an der Wupper verlassen. Die alte urg stiftete er den Zisterziensern.

Wir verlassen Altenberg auf der Kopfsteinpflasterallee an Dom vorbei und biegen an ihrem Ende nach rechts ab.

Links geht es zum **Märchenwald**, in dem die Märchen der Gebrüder Grimm mit beweglichen Puppen dargestellt werden

An der *L101* biegen wir nach links in Richtung Hückeswagen ab und fahren hier im malerischen Tal der Dhünn flussaufwärts

Zum Abkürzen der Tour biegen wir hier nach rechts ab und fahren auf dem Radweg zunächst nach **Odenthal**. Auf dem Weg liegt die schöne

Burg Strauweiler. Sie wurde erstmals im 12. Jahrhundert erwäh und war damals im Besitz des Geschlechts von Udindara, aus de sich der heutige Name Odenthal ableitet. Die Burg liegt märche haft inmitten von Weiden und Wäldern im Dhünntal. Vor langer Ze gelangte die Familie von Metternich (Schloss Gracht in Liblar) a die Burg, und bis heute gehört sie ihren Erben. Seit 1955 wohnt d Familie von Hubertus Prinz zu Sayn-Wittgenstein-Berleburg a Strauweiler. Der älteste Teil der Burg ist der Wohneckturm aus de 14. Jahrhundert. Der Rest der Anlage stammt ursprünglich au dem Jahr 1440, ist jedoch noch einige Male umgebaut worden. To haus und Vorgebäude wurden im 18. Jahrhundert erbaut.

Wir fahren durch Odenthal hindurch und halten uns in Richtung Voiswinkel. Kurz hinter Odenthal treffen wir bereits auf die längere Route, die von Neschen herkommt.

Auf der längeren Route von Altenberg im Dhünntal aufwärts an der *L101* biegen wir hinter dem Wanderparkplatz am **Schöl-**
15 km **lerhof** ⑩ nach rechts in den kleinen Wirtschaftsweg ein und fahren nun abseits vom Verkehr durch ein herrliches, unberührtes Tal bis zur Dhünntalsperre.

Nach der Überquerung der Dhünn im Wald halten wir uns links (zwischen zwei Torpfosten durch) und fahren weiter im Dhünntal flussaufwärts. Wir dürfen hier nicht geradeaus fahren, würden sonst in ein zunächst noch weites Nebental geraten. Auf diesem traumhaften Weg durch den Wald müssen wir ein paar Höhenmeter hinauf zu einem Haus fahren. Danach geht es wieder hinunter, an einer Schutzhütte über das Flüsschen, sofort hinter der Brücke nach rechts an einem Haus vorbei wieder in den Wald hinein. Bald kommen wir an eine Kreuzung, wo wir geradeaus (halbrechts) weiterfahren. Sogleich geht es durch das mitten im Wald stehende Tor und über die sehr schmale Brücke.

Burg Strauweiler bei Odenthal

Wir gelangen an eine asphaltierte Straße, die wir nur nach links bergauf fahren können, weil die Weiterfahrt nach rechts durch ein Tor der Talsperrenverwaltung verwehrt ist. Der nun folgende ist der schwerste von allen in den 10 Touren vorkommenden Bergen, denn es geht auf etwa 1 Kilometer sehr steil bergan. Wer möchte, kann hier natürlich schieben. Kurz vor dem Ort **Lindscheid** biegen wir durch das offene Fußgängertor nach rechts in das Talsperrengelände ein, fahren die Abfahrt zur
19 km **Staumauer** (11) hinunter und über die Staumauer hinweg.

Die **Dhünntalsperre** hat ein Fassungsvermögen von 81 Millionen Kubikmetern und ist damit die größte Trinkwassertalsperre Deutschlands, wenngleich es natürlich größere Talsperren gibt, die jedoch kein Trinkwasser enthalten.

Auf der anderen Seite der Staumauer fahren wir nicht links, auch nicht die Straße nach rechts hinunter, sondern nehmen den Waldweg nach rechts bergan. An der Kreuzung im Wald geht es geradeaus in Richtung Bömberg/Kochshof auf dem recht schmalen Weg leicht bergan, über eine Brücke weg und am Wegweiser nach Altenberg nach links ab. Der steile Weg hinauf nach Bömberg erfordert auf etwa 50 m alle Kraft, Schieben ist also keine Schande.

21,5 km Oben biegen wir neben der **Scheune** (12) nach links ab und gelangen auf einen asphaltierten Weg, der uns nun nochmals bergauf an der Siedlung **Bömberg** vorbei auf die Bergkuppe führt.

Der **Bömberg** ist mit 228 m über dem Meeresspiegel der höchste Berg in der Tour 10. Die Dhünn liegt dort, wo sie aus dem Stausee austritt, etwa auf 120 m und die Talsperre auf 177 m. Um von der Dhünn auf den Bömberg zu gelangen, haben wir also über 100 Höhenmeter, von Leverkusen insgesamt fast 200 Höhenmeter überwunden.

Weiter geht es leicht bergab und an der Straße nach rechts.
22,5 km In **Neschen** (13) biegen wir nach rechts und sofort wieder nach links in Richtung Odenthal ab. Auf dem linksseitigen Radweg geht es über Scheuren (Cafe-Restaurant »Häuser«) einige Kilometer durch den Wald hinunter zur *L296*.

28 km Der Radweg endet auf der kurvenreichen Abfahrt, kurz bevor wir die ***L296*** (14) erreichen. Wir biegen an der Kreuzung

Fliegenfischer in der Dhünn

nach rechts ab und kommen an die *Bergisch Gladbacher Straße (L270)*, auf der wir nach links in Richtung Voiswinkel abbiegen. Auf dem rechtsseitigen Radweg führt die Route nun bergauf nach Voiswinkel. Der letzte Berg dieser Tour ist noch einmal recht schwer.

In **Voiswinkel** nehmen wir die zweite Straße nach rechts, die *St.-Engelbert-Straße*. Weiter geht es den Radwegweisern in Richtung Schildgen folgend durch einen Wald. Wir bleiben auf der Straße bis **Schildgen** ⓯ und fahren an der modernen Kirche vorbei bis an die *L101*. 33,5 km

Hier müssen wir links abbiegen und die erste Straße *(Schlagbaumweg)* nach rechts nehmen. An einem kleinen Kreisverkehr am Ende der Straße biegen wir nach rechts ab und folgen nun den Fahrradwegweisern in Richtung Leverkusen.

Über die nächste Straße weg und geradeaus in die Sackgasse führt uns der Weg in den Wald hinein. An einer Kreuzung im Wald fahren wir nach rechts versetzt geradeaus weiter im Wald. Wir folgen dem Weg an einer Siedlung und einer Schutzhütte vorbei, überqueren die Straße nach Dünnwald *(B51)* ⓰ und fahren weiter geradeaus wieder in den Wald hinein. 36,5 km

Hier ist die Endhaltestelle der Straßenbahnlinie 4 von Köln nach Schlebusch. Wem die Tour zu lang wird, der kann hier bereits aufhören. Diese Haltestelle ist auch ein möglicher Startort.

Dort, wo der Weg endet, fahren wir nach links und gelangen an den Zaun einer ehemaligen Kiesgrube, die jetzt ein Naturparadies ist. Weiter auf dem sich langsam von der Kiesgrube entfernenden Weg, gerade über eine hier endende Straße hinweg und wieder in den Wald hinein. Wir gelangen an eine Bahnlinie, biegen vor ihr nach links und folgen ihr. An der Stelle, wo der Weg wieder von der Bahn abknickt und auf die Siedlung Kunstfeld zuführt, überqueren wir die Bahn auf dem Überweg (Vorsicht beim Überqueren, keine Schranke).

38 km Hinter der **Bahn** **17** geht es schräg rechts weiter, und auf dem größeren Weg, auf den wir treffen, halten wir uns wiederum rechts. Es folgt abermals eine Kiesgrube. Wir fahren weiter, und der Weg wird schmaler und schlechter, aber die vielen Radspuren zeigen uns, dass wir noch richtig sind.

Bald erreichen wir eine asphaltierte Straße, auf der wir nach links über die Gleise fahren und auch die *A3* überqueren. An einer Kiesgrube, Bayer-Sportanlagen und einem kleinen Flugplatz vorbei fahren wir auf das Bayer-Werk zu.

Am Ende der Straße nach rechts auf die *Weyde-Straße* bis zu einer großen Kreuzung, die wir überqueren, anschließend nach
41,5 km links **18** auf dem Radweg bis auf die nahe Fahrradbrücke, wo es nach rechts Richtung Leverkusen-Mitte weitergeht.

Wenig später geht es über die *Manforter Straße* und auf dem Radweg nach links weiter. Hinter der Kurve folgen wir den Wegweisern nach rechts an der Post vorbei und kommen schließlich
43 km an den großen Bus- und **S-Bahnhof** **1**.